夕陽に赤い町中華

北尾トロ

集英社
インターナショナル

夕陽に赤い町中華

北尾トロ

※本書に掲載している情報は、すべて取材当時のものです。

はじめに

出会いは一期一会

散歩の途中で目に入った、真っ赤な字で力強く書かれた「中華料理」の看板。思わず立ち止まり、二、三歩下がって店の外観を眺める。

一階が店舗、二階が住居の典型的な持ち物件タイプだ。二階のベランダにはふとんが干してある。全体にくたびれ感があるところから見て創業四〇〜五〇年は経っているだろう。といって貫禄のある建物ではなく、ただ古い。

のれんは端っこが少しほつれている。扱いが悪いためにそうなっているのではなく、客が出入りするときにちょっと触る、それが積もり積もって端っこの布だけが傷んでしまったのだろう。このほつれは、長年愛されてきた証拠のようなものだ。

入口の周辺には「本日のランチ」「定食あります！」の手書きメニュー。こちらは黄色い紙に黒と赤のマジックだ。値段は定食で八〇〇円前後と標準的。半チャンラーメン（ラーメン＋半炒飯）や餃子定食、麻婆豆腐定食、レバニラ炒め定食、回鍋肉《ホイコーロー》定食といった定番が揃っているところから、奇をてらわぬ経営方針が窺《うかが》える。入口の前に無造作に並ぶ大小の鉢植えは水を与えられたばかりなのか、キラキラと西陽を反射している。

これは良さそうだ。空腹かと問われればそうでもないと答えるしかないが、町中華との出会いは一期一会。今日を逃せばいつまたここを通るかわからず、仮に半年後だとすると、そのときには閉店しているかもしれない。

町中華探検隊、結成！

雑誌や新聞、テレビなどで町中華が取り上げられることが増えてきた。町中華はどこの町にでも一軒や二軒はある大衆的な中華の店だが、誰も呼び名にこだわらなかったため、長い間、ラーメン屋とか中華屋、定食屋など適当な言い方をされてきた。あえてジャンル分けすることもないくらいにありふれた存在だったと言ってもいいだろう。

二〇一三年の年末、友人のライター・下関マグロと高円寺を歩いていた僕が、学生時代から知っている中華屋『大陸』が閉店していることを知り、「ああいう町中華はどんどんなくなるね」と呟《つぶや》いたのも、いつかどこかで聞いた呼び方が口をついただけのことだった。ところが、それを聞いたマグロが激しく反応。それは「町中華」なのか「街中華」なのかとニジリ寄ってくる。それで、「街」だと立派な感じになってしまうから「町」だろうと答えた。

　そこで終わっても不思議はなかったのだが、中華屋の前に立って〝マチチュウカ〟と声に出してみると妙にしっくりくる。しかも、前述のように僕は町の中華屋が少しずつ減っている感じがしていて、それはマグロも同じ。だったらいま、町中華がどんな具合になっているか食べ歩きながら調べてみようと話がまとまった。そのときおもしろ半分につけたのが、「町中華探検隊」というチーム名だったのだ。活動といっても中華屋を食べ歩くだけの、遊びみたいなものなのだが、人に話すとおもしろがられて次第にメンバーが増加。雑誌に連載ページを持ったり、探検隊の五〇代トリオで『町中華とはなんだ　昭和の味を食べに行こう』（下関マグロ、竜《りゅう》超《すすむ》との共著）という本を書いたりした。でも、まだまだやり遂げた感じがせずに、いまでも探検を続行中だ。

　町中華は消えいく食文化かもしれない。だから、いまのうちに食べ歩いて記録しておこう。単純な動機で始めたことだけれど、やってみたら異様に奥が深いのである。昭和の腹ペコ野郎の胃袋をがっしり支えてきた食文化は、掘れば掘るほど新たな興味や疑問が湧いてくる宝箱みたいなものなのだ。

　こうした町中華探検隊の地道な活動が認められ、町中華という名称が急速に普及していった……わけではない。僕たちはたまたま、ちょうどいい呼び方を見つけてしまっただけなのである。

四〇代以上の男なら、たいていは若い頃、町中華の世話になっている。若い世代にはなじみが薄いかもしれないが、存在は知っているだろうし、たまには入ることもあるだろう。だが、前述したように呼び方はバラバラで、どう呼ぶべきかと考えたこともなかった。なぜなら、多くの人は家や学校、会社の近くに数軒の店を知っていれば用が足りるからである。

短時間で食べられて一〇〇〇円以内で満腹になる便利な店であればいいのだ。何年も通っている店なのに屋号を知らず、〝角の店〟と勝手に呼んでいるなんてことも珍しくない。それで済んでしまうことこそが、日常生活に溶け込んだ町中華という存在を象徴しているかもしれない。

そんな現状のなか、町中華という呼び方があるのを知った人たちが、あれはそういうジャンルなのか、町にある中華屋をそう呼ぶのかと思い、使い始めたのだと僕は思う。町中華探検隊に功績があるとすれば、それは名称を広めたことではなく、無意識に食べていた料理や店を、ひとつのジャンルとして認識できるようにしたことではないだろうか。

町中華はどれだけあるのか、正確な数は把握できない。中華料理店の組合はあっても、非加盟店が多いため、あてにならないのだ。ひとつ参考になると思えるのは、東京都足立区が『第二回あだちの輝くお店セレクション』(二〇一九年)で町の中華をテーマに取り上げたときのデータ。一般から推薦店を募ったところ、なんと二二九店舗も集まったのだ。仮に本格中華の店やラーメン専門店が三割入っていたとしても一六〇店舗である。

単純計算で二三区に三六八〇店舗。二三区外を合わせれば都内に五〇〇〇店舗くらいあってもおかしくない。全国では万単位の店が存在しそうだ。ひっそりと町に溶け込み目立たなかったそれらの店に、これまで縁のなかった人が気づいたり、忘れかけていた人が思い出したことが、町中華という言葉を定着させる原動力になっているのだろう。

ただ、心配なこともある。町中華が注目されるのはいいのだけれど、一時のブームとして消費されてしまいそうで気が気じゃないのだ。味が懐かしい、個性的な料理がたらふく食べられる、雰囲気が昭和レトロで新鮮。そんな楽しみ方をしている間にも、町中華はゆるやかに衰退への道を進んでいく運命にある。

なぜか。もともとの数が多いため気づかれにくいだけで、店を閉めるところが多いのだ。主な理由は店主の超高齢化と後継者の不在。継ぐ人がいないというより店主が継がせたがらないケースが多い。

僕は町中華が存続の危機を迎えるのは二〇二〇年の東京オリンピック以降だと考え、それまでの期間、探検をやっていこう、オリンピックで区切りをつけ、町中華について調べたことをまとめようと思っていた。でも、つい最近行った店が、つぎに訪れると予告もなく閉店している経験を何度かするうちに、それじゃ遅いと考え直すようになった。いまだ。現役バリバリで営業しているいまの時点で語らないと、ノスタルジーに浸るようなものになりかねない。

町中華のシンボルカラーは、のれんや看板に多用される赤。いま、それは夕陽に染まってますます赤味を増し、最後の輝きを放っている。

おいしすぎたら困る理由

さて、さきほどの店の続きだ。のれん、手書きメニュー、鉢植えのつぎにはメニューサンプルの入ったガラスケースを見る。ラーメンや炒飯、チャーシュー麺に交じってカツ丼があった。また加点だ。しかもこのガラスケース、何気ないようでいてマメに掃除されているのか、メニューサンプルにホコリが積もっていないではないか。

もうひとつ見逃せないのは出前機を載せたバイクがあることだ。もちろんホンダのスーパーカブである。こいつが店の前にあるだけで一気に町中華らしさが増してしまう。ここは住宅街。注文するのは周辺で暮らす一般家庭の人たちだろう。

さらに、耳をすませば店内から鍋振りの音がかすかに聞こえるではないか。パーフェクトだ。中に入って店主の顔が見たい。丸見えであろう厨房を眺めたい。椅子の座り心地を確かめたい。テーブルはデコラ貼りの赤だろうか。いや、白か。メニューのバリエーションはどこまで広がっているだろう。壁にベタベタ貼ってあるかなあ。量は大盛りなのか普通なのか。カツ丼ばかりでなくオムライスやカレーライスなど、中華でも何でもないメニューがあるのか。

すべては入店すればわかること。意を決して入口を開けた。

「いらっしゃい!」

おやじの塩辛い声に迎えられ、カウンターに腰掛けて半チャンラーメンを注文。うーん、予想どおり落ち着く空間だ。奥のコーナー上部にはお約束のテレビが置かれ、夕方のニュースが流れている。

おやじのパフォーマンスを観察できるポジションは確保したし、店の雰囲気もなんとなくわかった。中華以外も扱うメニュー構成や、酒のつまみの充実ぶりから、常連客に支えられた地域密着型の店であることも察しがつく。

最後の難関は味である。可もなく不可もない、普通の旨さであってほしい。いや、おいしければ嬉しいんですよ。それは当然だ。でも、町中華にとって味がすべてかというと、そうではないと思う。地域の人に長く愛されることが何より大切だ。いくら味が良くたって、居心地の悪い店だったら常連になってもらえないだろう。そう考えると、突出した旨さよりも、しょっちゅう食べに来ても飽きない味であることのほうが優先順位が高い。

通りすがりの僕にとっても、旨すぎないほうがありがたい。だって、驚くほどの味だったりしたらもっといろんなものを食べてみたくなるし、誰かを誘って来たくもなる。二度じゃ足りないだろう。何度も来てしまう。するとどうなるか。他の店を開拓する機会が減ってしまうのだ。だからおいしすぎるのは困る。

もっと悩ましいのはマズい場合だ。個人的な嗜好を超えたレベルだったら大変なことになる。マズいのに何十年も店がつぶれなかった理由を探らなければならないからだ。通うことになるだろう。店主の人柄が良いのか、場所が良いのか、客層が特殊なのか、コストパフォーマンスが最高なのか。

町中華では、食べたらサッと席を立つのが暗黙のマナーだということはわかっている。でも、頭の中が妄想でいっぱいになった僕は、もはやそれでは満足できなくなってしまった。

僕は、いまこうして食べている町中華の空間や味が、どんな紆余曲折を経てできあがってきたのかを知りたい。いかなる事情で誕生し発展してきたのか、定番メニューはなぜ定番になったのかを知りたい。そして、僕が生まれ育った昭和の高度成長期とは、いったいどのような時代だったのかを実感したい。それらは、ただ食べ歩いているだけでは、なかなか知りえないことである。

だから、僕は少しだけ勇気を出し、今日も無言で鍋を振る店主に質問するのだ。

「ところで、この店はいつからやってるんですか?」

目次

第一章 町中華はどこからきたのか

もろびとこぞりて

1

人形町の『大勝軒本店』に見る戦前からの流れ

創業は大正二年

僕は、町中華は第二次大戦後に発生し、高度成長期にかけて定着していった、戦後生まれの大衆的な中華食堂だと考えている。漠然とした捉え方になってしまうのは、我こそ元祖であると主張する店がないことや、町中華的メニューを開発してスタイルを完成させたカリスマ料理人が見当たらないからだ。町中華は特定の食べ物の名称ではないし、厳密な定義もないので、これといった記録が残っていないのは仕方のないことだと思う。

でも、何もないところから自然発生したわけじゃないだろう。中華を名乗りながら、平気でカツ丼やオムライスをメニューに加え、

1933年（昭和8年）4月1日に開店した大勝軒浅草支店。本店よりモダンで従業員も多い

エビスビール
祝開店
當店廣告宣傳界のトップを切
傳書鳩利用
空中宣傳ビラ撒布
撒布時間

違和感なく受け入れられているヘンテコな食のジャンルが、どこから来て、どういう経緯で出来上がっていったのか、僕なりのルーツ探しを敢行してみたい。それには、戦後を調べるだけでは足りない。町中華の土台は中華料理にあるのだから、まずはそこからだ。

そう考えて、ここは外せないと思ったのが、中央区日本橋人形町にある『大勝軒』（のれん分けした店があるので、以下本節内、『大勝軒本店』と記す）である。つけ麺を思い出す方もいるだろうがまったくの無関係。こちらのほうがはるかに歴史が長い。創業一九一三年（大正二年）。つけ麺という食べ物が影も形もない頃だ。

中華料理を提供する店はそれ以前の明治時代からあったけれど、高級路線から大衆路線に方向転換した成功例となると、あまり聞いたことがない。東京ラーメンの元祖と言われる『来々軒』は一九一〇年（明治四三年）に開店し、いまもその流れをくむ店が目黒区祐天寺に残っているが、町中華というよりはラーメン屋という呼び方が似合う。

『大勝軒本店』は一九八六年に閉店し、現在は『珈琲 大勝軒』として営業中なのだが、のれん分けした店が数店舗営業しており、〝ザ・町中華〟の雰囲気が味わえる業界の老舗チェーンとしてファンも多い。現存する町中華で、店の歴史を大正時代まで遡れるところは他にもあるかもしれないが、『大勝軒本店』は東京における町中華の源流のひとつと考えて間違いないと思う。

左端に書かれた乃木希典の
サインに注目

僕は数年前、町中華探検隊を一緒にやっている下関マグロの案内で『珈琲 大勝軒』に行ったことがある。おおげさでなく度肝を抜かれた。店内に飾られた筆書きの屋号が、あの乃木希典《まれすけ》大将の手によるものだったのだ。昭和初期に撮影された店舗の写真もあって、そこには〝支那料理〟と書かれていた。

ただ、そのときは僕もマグロも町中華のルーツのひとつを発見した喜びに興奮するばかりで、詳しい話を聞かないままコーヒーを飲んで店を出てしまった。その後、のれん分けした三越前の『大勝軒』に行き、間接的に歴史の一端を知ることができたが、本店へはそれ以来足を運んでいなかった。何度も行きかけたのだけれど、そのたびに「まだ早い」という心の声が聞こえたのだ。いまある町中華を自分なりに食べ歩き、ある程度理解してからでないと、創業一〇〇年超の重みを受け止めきれない気がしていた。

でも、僕も町中華探検を始めて四年目。話についていけ

鮮明な記憶を話してくださった
渡辺千恵子さん

る自信も少しはできた。機は熟したと心の声が言っている。

広東省からきた料理人、林仁軒さん

「昔のことだから記録もほとんど残ってないんですけど、おおまかな流れをメモしてみました」

開店と同時に『珈琲 大勝軒』に入ると、女将さんの渡辺千恵子さんが資料を用意してくれていた。千恵子さんは四代目の渡辺武文《たけふみ》さんの妻で、一九六八年に四代目が四四歳の若さで亡くなってから一九八六年末に『大勝軒本店』が閉店するまで、店を切り盛りされてきた方。古い店舗を改築してビルにし、一九八八年に営業を開始した『珈琲 大勝軒』は五代目の祐太郎さんが店主だが、千恵子さんも毎日店に出ている。九〇代になるとのことだが、とてもそんな年齢には見えない。

「喫茶店なのに大勝軒っておかしいでしょ。喫茶店にするときに、店名を変えることも考えないわけではなかったけど、どうしても大勝軒の名を守りたかったので残したの。古い常連さんが訪ねてくれたときにも、大勝軒でやってればわかりやすいですしね。けっこうコーヒー飲みにいらっしゃるんですよ、昔からなじみのお客さん」

僕にとっても『珈琲 大勝軒』で営業していることはありがたかった。そうでなければ、町中華の歴史をたどる手がかりを発見することさえ難しかっただろう。

さて、まず知りたいのは店ができた経緯だ。なぜ中華だったのか。

「それは、初代の渡辺半之助が林仁軒《りんにんけん》さんと出会ったからですね」

さっそくキーマン登場だ。初代自身は料理人ではなかったのだが、林さんという広東省出身の中国人と知り合い、支那料理（当時の呼称。現在は中華料理という。以下同じ）店をやろうと思い立つのである。林さんは一九〇五年（明治三八年）に二〇歳で来日し、屋台で商売をしていたらしい。

1934年（昭和9年）、
林さん49歳のとき

この年は日露戦争が終わった年でもあり、戦勝ムードに沸いていた日本で一旗揚げようと来日したのかもしれない。初代の半之助は油問屋をやっていたらしく、それなりの財力と先見の明を持っていた人物だったのだろう。林さんを料理長として雇い、支那料理店を開くと決めた。

明治末や大正の初めは江戸時代生まれの人も

1928年の大勝軒本店。
赤ん坊が女将さんの夫の渡辺武文さん

生きていた時代である。いまと違い、中華料理はまだまだなじみが薄かった。半之助は商売人の勘で「これは当たる！」と勝負をかけることにした。場所は当時の東京を代表する繁華街のひとつ、日本橋人形町。超高級店ではなかったようだが、写真に残る店構えは堂々たるもの。モダンな店構えは和風でも中国風でもない無国籍スタイルだ。

謎なのは、『大勝軒本店』の創業の前年（一九一二年）に明治天皇の後を追って自決した乃木大将が、いつ屋号を書いたかである。以前からつきあいがあった初代が、店を出すと決めたときに、乃木大将に頼んだのだろうか。屋号となった『大勝軒』は、日露戦争に大勝したのを記念し、縁起がいいという理由で命名されたと伝えられている。となると、明治天皇が存命のときとしか考えられない。

じつはこの時期、『大勝軒本店』はピンチだったと千恵子さんは言う。林さんをスカウトし、支那料理店の開業に向けて動いていた初代半之助が、乃木大将より前の一九〇九年（明治四二年）に死去したのだ。

しかし、渡辺家の養子となっていた松蔵が名を改めて二代目半之助となり、初代の遺志を継いで『大勝軒本店』のオープンにこぎつけるのである。この人が商売に興味がなかったら店は開けなかったのだ。しかも、商売人として優秀だった。林さんと二人三脚で店を大きくしていった二代目の功績は、町中華界にとって大きかったと思う。

「林さんは深川（江東区）の寮に住み、うちで働いていた女性と結婚しました。働いていたのは、昔から千葉県出身者が多かったですね。二代目半之助が千葉県出身だったからでしょうね」

もう一枚見せてもらったのは浅草支店の写真（17ページ）。本店よりさらにモダンな造りで、高級店の面持ちだ。開店は昭和八年。従業員も多く、活気あふれる雰囲気が想像できる。

のれん分けの二〇年ルール

「でも、料理を覚えるのは大変だったと思いますよ。林さんはレシピを残さなかったし、昔の料理人は教えてもくれない。技を盗むしかない職人の世界です。だから、うちは最後までレシピというものが存在しませんでした」

なるほど。僕たちは町中華のおやじが調味料の量も計らずパッパッと鍋に投入するのを見て適当にやっているように感じたりするけど、あれはむしろ経験を積み重ねてカラダと舌で覚えた感覚を大事にするという、基本に忠実なやり方だったのだ。手取り足取り教えなくても伸びるやつは伸びる。ただし時間はかかった。

「二〇年ですね。でも、いっぱしの料理人になろうとしたらそれくらいかかるわよ。で、そこまでがんばったら、のれん分けして店を持たせるのね」

のれん分けは、長年働いた従業員に屋号の使用を許可して独立させる制度で、江戸時代から存在する。大勝軒の場合、二〇年修業したら店が持てるというのが暗黙の決まりになっていた。ということで、一九三〇年代になると、日本橋界隈を中心に、じわじわとのれん分けの店が増えていく。

そのことで本店にはメリットがあるのか。少なくとも金銭的にはないのである。支店ではなく独立した店だから、本店に屋号の使用料を納めることはない。また、『大勝軒本店』は林さんのこだわりで、麺もシュウマイの皮も自家製を貫いていたので、本店が製麺所を経営して、そこから麺を購入するシステムでもない。がんばんなさいと屋号を与え、応援するだけ。親子関係に似ているかもしれない。

でも、独立して経営者となる職人や客にとってはメリットだらけだ。

経営者にとって大きいのは、ネームバリューのある屋号を使うことで、開店時から一定の信用を得られることだ。名もない店が開業するのとでは、店が軌道に乗るまでの期間に雲泥の差があるだろう。

客はどうか。独立後はメニューの構成も値段の設定も自由とはいえ、そこで発揮されるのは本店で培ってきた技術。やがては似ても似つかぬ味となるケースもあるけれど、独立当初は味の継承がなされ、安心感がある。

町中華好きにとっても、のれん分けという独特の制度があって本当に良かったと思う。『大勝軒本店』はなくなっても、他の店に行けば本店仕込みの自家製麺が食べられ、僕たちはそこから、本店の味を想像することができるからだ。

ざっと一世紀も前の広東料理。必要な野菜も手に入りにくいなか、林さんはおそらく日本人向けのマイルドな味を研究しただろう。それが職人から職人へ、伝言ゲームのように伝わっていった。変わってしまったものが大半だとしても、麺の打ち方などに往時の片鱗が残っているかもしれない。以前、三越前店で食べたときは意識しなかったが、次回はじっくり味わってみよう。

昼の休憩時間を始めたのは『大勝軒』だった⁉

第二次大戦の空襲で東京は焼け野原になった。人形町も例外ではなく、大勝軒各店も一からやり直すことになり、本店は元の場所から近いところに建て直された。

創業以来、高すぎず安すぎず、ほどほどの値段設定でやってきた『大勝軒』だったが、悠長なことは言っていられない。時代の要請は安くて旨くて満腹になれるもの。戦後の混乱期を経て、ラーメンを主力とする新たな中華のジャンルが芽生え、台頭するなかに、大勝軒のような戦前から営業していた中堅どころの店も、時代の荒波に呑み込まれるように加わっていったのだと思う。

この時代を担ったのが三代目喜平次《きへいじ》と、終戦時に二〇歳になったばかりの四代目武文だった。一日も早い復興を願い、みんながむしゃらに働いた時代。日本橋人形町も次第に戦前の賑わいを取り戻していく。そして一九五八年（昭和三三年）、千恵子さんが四代目と結婚。

「私はこの近くの会社でＯＬしてたんですよ。経理の仕事。だから最初は客として来てたの。縁あって一緒になることになったんだけど、お義母さんが『あなたは何もしなくていいから』って。でも、そんなわけないわよねぇ」

でた！　商売人のところへ嫁ぐ女性への必殺口説き文句である。まあ、千恵子さんもそれを真に受けたわけじゃなく、ある程度の覚悟はしていただろう。でも、待っていたのは想像以上の現実だったそうだ。

世の中の景気は絶好調で店は夜一一時まで客が絶えない。女性は厨房に入れなかったが、仕事は山ほどあった。どれくらい忙しかったかというと、まかないの食事を作る時間がないほどだったという。ではどうするか。大きな鍋を持って他の店に行き、カレーのソースだけを買ってきてご飯にかけて食べるのだ。『大勝軒本店』だけではなく、老舗の繁盛店は同じような状態だったから、お互い様で融通を利かせ合った。

「毎日があっという間。夢中で働いていましたね。だって、シュウマイだけで一日に一〇〇〇個作っていたから」

当時の『大勝軒本店』の店内。イタリア製の大理石のテーブルが置かれていた

シュウマイは開業以来の人気メニュー。朝の仕込みで一〇〇〇個分の具（ひき肉とタマネギ）と皮を用意し、それっとばかりに包み始めるのだが、開店が近づくと従業員はそれぞれの持ち場に去り、千恵子さんとお義母さんしか作り手がいなくなる。宴会がある日は二〇〇〇個包むこともあったそうだ。だから、戦後になって餃子が流行り始めても『大勝軒本店』ではメ

ニューに加えていなかった。

そうだったのか。中華メニューとして餃子より歴史があり、定番であるはずのシュウマイが町中華には少ないことを不思議に思っていたのだが、ひとつ謎が解けた気がする。『大勝軒本店』のように先にシュウマイを扱っていた店では、餃子と両方やるのは手がかかりすぎるのだ。戦後に開業した店でも、手間のかかるメニューを両方やる余裕のある店は多くなかったと考えられる。

戦前からの定番・シュウマイVS.戦後の新勢力・焼き餃子。戦後のある時期に、両者の覇権争いが勃発したのだと思う。

シュウマイにとって不運だったのは、蒸す工程が不可欠だったことだ。町中華で蒸す料理はほとんどないのである。餃子界においても事情は同じで、水餃子は片隅に追いやられ、もっぱら焼き餃子が主流となっていく。こうした事情から、戦後にできた店はもちろん、戦前からシュウマイを作っていた店も、どちらかを選ぶタイミングで、看板メニューをシュウマイから餃子に切り替えたところが多かったのだろう。

家庭料理の一角に食い込んだことも、餃子の定着に貢献した。一九五八年生まれの僕も、幼い頃から餃子派で、シュウマイに執着したことがなかった。食べる機会はちゃんとした中華料理店に行くときくらいで、母の手作りシュウマイを食べた記憶がない。

しかし、餃子隆盛のいまだからこそ、シュウマイを手作りしている店は歴史ある店だったり、主人が本格中華で修業していたり、あるいはシュウマイが有名な店で働いていた可能性が高い。大事にしなければ。

『大勝軒本店』は三代目がニラミを利かせ、四代目武文と千恵子さんが厨房とホールの中心を担う体制で、戦前以上の活気を取り戻していく。高度成長期に入り、町には人があふれていた。

「その頃の人形町は、寄席があって芝居小屋があって、ダンスホールに映画館。それはにぎやかでしたよ。花柳《かりゅう》界でもあったから、表を歩けば長唄に三味線の音がする。芸者さんの出前は美容院なんです。だから汁物は厳禁で、炒飯とか焼きそばだったわね」

人気メニューをいくつか挙げてほしいと頼むと、焼きそば、炒飯、酢豚、五目そば、鶏そば、中華弁当あたりかなと返ってきた。この時代には『大勝軒本店』もかなり大衆的な店になっていることがわかる。客層は、平日がサラリーマン、週末になると家族連れ。年末年始は宴会だらけだった。休む間がないのである。

「あまりにも忙しいので、それまでは通し営業だったんですけど、昼の休憩時間を作らせてもらったんです。人形町で昼の休みを始めたのは私だと思う」

どうぞ休んでくださいよと言いたくなる勤勉さだが、注目したいのは、中華以外のメニュー

喫茶店らしからぬ屋号に女将さんの
こだわりがこめられている

がないことだ。カツ丼、カレーライス、オムライスといった、戦後にできた店が積極的に取り入れてきたメニューには目もくれないところに老舗の意地と誇りを感じる。

いまも楽しめる林さんの味

のれん分け店は次第に増えて、日本橋界隈だけではなく江戸川区や豊島区、台東区などにも大勝軒が広がった。その数、一九六〇～七〇年代の全盛期には一七店舗にも及び、毎年二月には本店で店主会が催されていたほどだった。それが一九八〇年（昭和五五年）には一一店舗に減少。現在は四店舗を残すのみになってしまったのは寂しいけれど、ていねいな仕込みと料理で地元の人びとの胃袋を満足させる大勝軒らしさは健在だ。

正統派の支那料理店としてスタートし、本場の味を日本人向けにアレンジしながら客層を広げ、自家製にこだわり、味の継承をしっかりと行った上でのれん分けする。独立した料理人たちは、カラダと舌で覚えた味をもとに、客層や時代の流れに合わせて独自の工夫を加え、料理を完成させていく。パッと見たところ、普通の店と見分けがつかないが、町並みに溶け込んでこそ町中華。それができたからこそ、大勝軒はいまでも町中華好きに一目置かれる存在なのである。

＊

数日後、駅で電車を待っていたら千恵子さんから電話がかかってきた。

「明日、シュウマイを作るんですけど、よかったらいらっしゃらない？」

月に一度、かつての常連客に頼まれて五〇〇個作るのだそうだ。

「行きます！」

即答し、翌日飛んでいった。玄関先で、できたてを折り詰めにしたのをいただき、特急あずさに揺られて自宅のある松本市に帰った。家族は大喜びである。シュウマイにはそういう〝ごちそう力〟があるのだ。

店をやっていた頃と違って皮は市販のものを使っているけど、熟達の技でみるみる包んだに違いない小ぶりなシュウマイ。口に入れると肉汁があふれてくる。

これはもう、大正と平成を一本の線でつなぐ一〇〇年分のおいしさだ。この味は千恵子さんだけのものじゃない。林さんのシュウマイもこんな大きさ、こんな味だったはず。食べたことないけど絶対そうだと思う。

2

地方から東京へ

『下北沢丸長』に見る

戦後の流れ

膨れ上がる戦後の東京

第二のルーツとして考えられるのは、第二次大戦後、地方から上京した人たちの参入だ。

終戦を迎えた一九四五年（昭和二〇年）、東京都の人口は前年より三七八万二七一七人少ない三四八万八二八四人に落ち込んだ（「人口の推移〈東京都、全国〉明治五年〜平成二三年」［東京都人口統計課］より。以下同）。たった一年で半分以下に激減したことになる。それまで、東京の人口は右肩上がり。一八七二年（明治五年）に八五万九三四五人だった数が七〇年後の一九四二年（昭和一七年）には七三五万七八〇〇人に膨れ上がり、過去最高を記録している。三四八万人というのは大正八年並みの水準だ。ただ減っただけではなくて、執拗《しつよう》に繰り返された空襲で焼け野原になってしまったところも多かった。

しかし、ここからの復興は早く、人口の推移を見ると、終戦翌年の一九四六年（昭和二一年）は一九・九二パーセント増の約四一八万人、一九四七年（昭和二二年）は一九・五五パーセント増えて五〇〇万人を突破し、戦後八年経った一九五三年（昭和二八年）にはとうとう七四六万八九〇七人となり、過去最高を記録。終戦時から四〇〇万人近くも人口を増やした。

このなかには、もともと東京で暮らしていた人（疎開先や出征先から戻ってきた人）や戦後生まれた子どもたち以外に、仕事や住む場所を求めてやってきた上京組がたくさんいたと思われる。上京組は東京という新天地で生き抜くため、さまざまな商売を始めたことだろう。そ

白地に赤い文字で
染められた丸の中の
長の文字。
大きな意味をもつ
のれんだ

のなかにラーメンに目をつけた人たちがいたのだ。

『大勝軒本店』のような戦前からの店を、すでに独自の味で営業してきた実績を持つキャリア組だとすれば、戦後の混乱期に飲食業に参入していった人たちはサバイバル精神にあふれたノン・キャリア組。従来の常識に縛られることなく、新しい業態としてスタートした〝なんでもありの中華食堂〟の中心となった人たちである。彼らを抜きにして町中華を語ることはできない。

丸長の「長」は長野の「長」

僕がよく行く町中華に、世田谷区代沢の丸長《まるちょう》がある。正式名称は『丸長中華ソバ店』だが、丸長はあちこちにあるので、ここではわかりやすいように『下北沢丸長』と呼ぶことにしよう。

下北沢といっても駅から徒歩で一〇分以上かかる茶沢通り沿いの店なので、客の多くは近所の人だ。町中華探検隊のひとりが昔から通う店で、見た目はごく普通。カウンター席とテーブル席があり、奥には小上がりがある。満席で四〇名ほど入れるから、町中華としてはまずまずの広さだ。

ここが何を食べてもハズレがない。僕は町中華に関して、味の良さを二の次に考えるほうなのだが、ここのレバニラ炒めには唸った。ラーメンはスープが文句なしだし、中華以外のメニューも抜かりがない。

まぁそれはいい。とにかく気に入ってしまい、雑誌やテレビの撮影があると協力してもらったり、探検隊の新年会をやらせてもらううちに、店主の深井正昭さんとも親しくなり、昔の話を聞かせてもらえるようになった。断片的な話を聞けば聞くほど、一九五三年に創業した『下北沢丸長』の歴史は、地方からやって来て東京に根付いた町中華の代表例だと思えてならない。そこで今回、古いアルバムを見たりしながら、深井さんに記憶をたどってもらうことにした。

『下北沢丸長』の夏季限定・冷しチャシュ麺。
魚からとったスープも絶品

その前に〝丸長グループ〟について説明しておこう。東京の町中華に詳しい人なら知っていても、それ以外の人にとっては初耳かもしれない。

イメージとしては、各地域に同じ屋号を持つ町中華があるでしょう。あれの大規模版……、と言ったって数十店舗のグループだからかわいいものだが、のれん分けで広がり、同じ屋号を使う町中華だと思ってもらえばいい（丸長では屋号が異なるもののルーツを同じくする店も「丸長のれん会」に加わっている）。なお、企業としてチェーン展開している日高屋などの中華店と区別するため、ゆるやかなつながりで結ばれた個人経営の店を、探検隊では〝ゆるチェーン〟と呼んでいる。生駒軒、タカノ、代一元などいろいろあり、丸長はその代表格という位置づけだ。

さて、丸長はどこからきたのか。この短い店名に、ルーツが隠されている。いや、むしろ丸出しなのだけれど、あっさりした店名だから、僕などは由来について考えたこともなかった。じつは、この「長」は長野県を意味するのである。

丸長の創業者は長野県出身の青木勝治さん。戦後間もない一九四七年、ふたりの弟とともに杉並区荻窪に店を構えた。自由に小麦粉が手に入る時代ではないので、最初はしるこやぜんざいを販売した。まずは食べていくのが先決。意外なことに、当初は甘味喫茶のような形態でスタートしたのだ。

その後、小麦粉が配給されるようになると、今度はうどんやそば、中華麺の委託加工に変化。そしていよいよ一九四八年、親戚を加えた五人体制でラーメンを中心とする店を立ち上げることになり、ここで丸長の屋号が誕生した。東京で勝負をかけるにあたり、自分たちの出身地である長野の一文字を○のなかに収めたわけだ。簡単だけど秀逸なネーミングだと思う。

とはいえ、いまどきの立派な店舗を想像してはならない。間口九尺（約二・七メートル）、奥行き三尺（約九〇センチ）だったというから一坪未満の小さな構えである。しかも、当時は食管法（食糧管理法：一九四二年に施行された、食糧を管理し、その需給・価格の調整、流通の規制を目的とした法律）の統制下で、米飯や小麦粉の販売は禁じられていたから、取り締まりを逃れるために中国人の名前を借り、代用麺というあいまいな商品を食べさせる店として営業していたという。

細胞分裂が生んだ丸長ネットワーク

これが大繁盛し、今日の礎となるのだが、注目したいのはその発展の仕方だ。いまの感覚なら、兄弟を中心に作った店が繁盛すれば第二段階は店を大きくするか、さらに良い立地に進出するか、支店を作ってチェーン展開するかが主流だと思うのだが、丸長が行ったのは共同経営者五人が分かれて、それぞれが別の場所に店を持つことだった。

創業者の勝治さんが『丸長』、弟の保一さんが『栄楽』、甲七郎さんが『栄龍軒』、親戚の山上信成さんが『丸信』、坂口正安さんが『大勝軒』。それぞれが我が道をいくために細胞分裂したのだ。

大胆かつ冷静な判断だと思う。身内で始めた商売は、ある程度成長してくるとそれぞれの主張が激しくなって金銭トラブルなどに発展することがある。といって、共同経営なのだからのれん分けというのもヘンである。そこで店名を別にしてそれぞれの面目を保ち、同等の立場で協力体制を築く。名案だ。

各店からは、そこで修業した人たちが独立し、ゆるいつながりを保ちながら出汁《だし》のとり方や

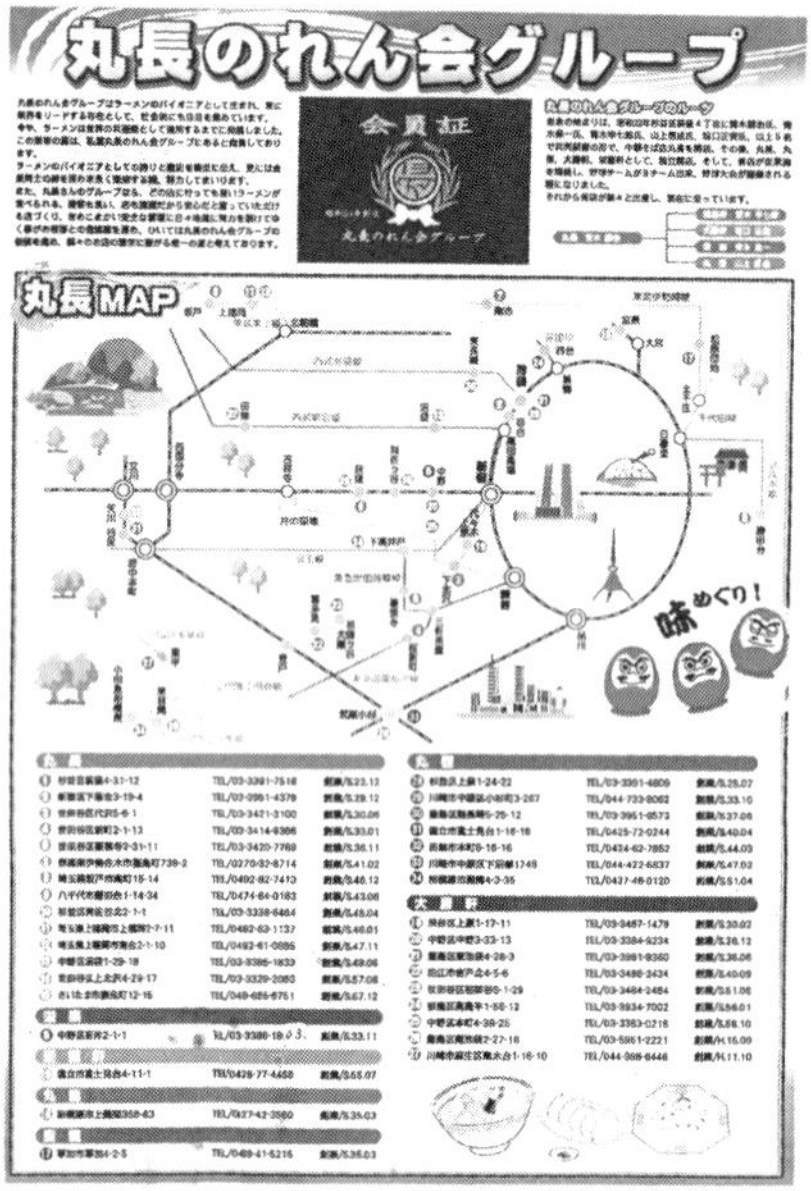

丸長のれん会グループの丸長、栄楽、栄龍軒、
丸龍、空龍、丸信、大勝軒の地図
のれん会50周年に作られた

商売の考え方を継承していった。

こうした独立歓迎の考え方が、時を経るにつれて、丸長グループというネットワークを生んでいく。一九五九年（昭和三四年）にはグループ店で「丸長のれん会」が結成され、一九九五年（平成七年）になると、グループ店は五二店にまで増殖した。フランチャイズや支店づくりで伸ばしたのではなく、料理人の修業と独立を支援する伝統がもたらした数なのがすごい。

現在は高齢化その他の理由で母体となる丸長は数を減らしたが、つけ麺ブームの火付け役である旧『東池袋大勝軒』が丸長グループの一員であることはあまり知られていない。多くの人が、『東池袋大勝軒』が発明したものと勘違いしていそうだが、つけ麺が生まれたのは、丸長で修業をして独立した坂口正安さんの『中野大勝軒』だったという。そこで働いていたのが『東池袋大勝軒』の創業者、山岸一雄さんなのだ。坂口正安さんは山岸一雄さんの母方の従兄弟にあたり、長野県にいた頃は一緒に暮らしたこともあるほど縁が深い。以下、つけ麺誕生までの経緯を、山岸さんの著書『東池袋大勝軒　心の味』をもとにまとめてみよう。

中学を出て一六歳で上京した山岸さんが旋盤工として働いていると、阿佐ヶ谷の『栄楽』（丸長グループ）にいた正安さんが訪ねてきて、「今度自分の店を持つから手伝わないか」と誘われた。山岸さんはまず『栄楽』で修業し、正安さんの店『大勝軒』（現・中野大勝軒）で働き始める。店は繁盛し、三年後、正安さんは代々木上原にも出店（現・代々木上原大勝軒）。山岸さんが中野店を任されるようになった。そして、中野店にいた一九五五年（昭和三〇年）に新メニューとして出したのが、自分たちのまかない飯から着想した「特製もりそば」という、つけ麺の元祖だったのだ。

山岸さんによれば、『栄楽』で働き出したとき、すでにこのまかないはあったとのことで、メニューに載せて商品化したのは自分だが、考案者は丸長の創業者だろうと語っている。アイデアのヒントが日本そばの「ざるそば」だというのも、長野県出身者らしいエピソードだ。

のれん会に話を戻そう。特徴的なのは、各店に金銭的な利害関係や営業上の縛りを作らなかったことである。前節で取り上げた人形町の『大勝軒本店』でもそうだったように、独立したら材料の仕入れも味付けもメニュー構成も各店の自由。これまで聞いたかぎり、のれん分けで独立した町中華のほぼすべてが同じである。戦前からの伝統は戦後もそのまま持ち越されたのだ。

日本にフランチャイズという考え方がアメリカから輸入されたのは一九六〇年代。少なくともそれまでは、独立に際して名前の使用許可をもらうことはあっても、それ以上の要求をするような慣習はなかったと考えられる。のれん分けとはすなわち仲間の一員になることだ。仲間として認める以上は、長年の努力に対して屋号を使うことを許し、それ以上は口を出さない。前節でも書いたが子どもの自立を見守る親みたいなものだろうか。

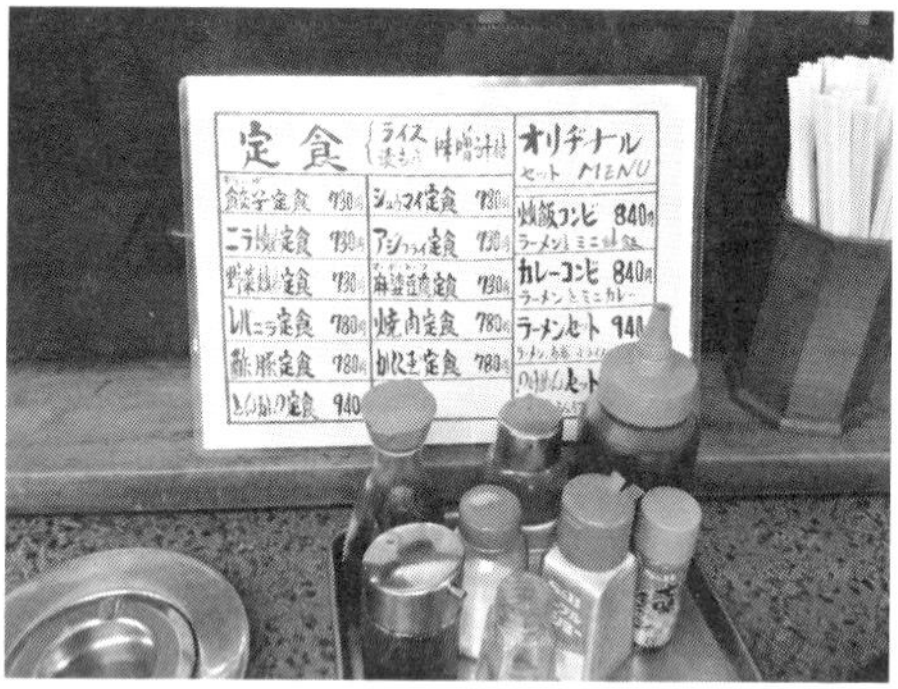

『下北沢丸長』の定食メニュー。このほかに日替わりセットメニューや、ワンタン麺、天津丼なども

独立後、どのように経営していくかは店主次第。この自由な気風があればこそ、町中華界が活性化し、おもしろくなっていったのだと思う。そば屋ののれん分けも同じようなものかもしれないが、そば屋には江戸時代から練り上げられた形があり、客の求めるものもおおよそ決まっているので大きくはみ出す店は多くない。しかし、町中華は戦後に生まれた新しい中華食堂で、とくに初期は戦後の復興期だったため、安くて元気が出て腹一杯になれるものが求められ、〝こだわりのラーメン〟など開発している余裕はなかっただろう。

こだわればおのずと味にうるさくなり、得意料理で勝負したくなる。メニューを絞って専門店化する方向で、町中華のなかには後年、ラーメン専門店などに方向転換していった店もあるだろう。でもそれは高度成長期なかば以降の話である。小麦粉さえ満足に手に入らなかった時代にそんなことは困難だったし、客のニーズにも合わなかった。むしろメニューは増える一方。町中華はやがて中華料理からも飛び出して、丼ものや洋食メニューまで貪欲に取り込むようになっていく。

オヤジはレントゲン技師だったんだよ

『下北沢丸長』の話を理解してもらうために、丸長グループの歴史をおさらいしようとして、長くなってしまった。再び、二代目店主の深井正昭さんに登場してもらおう。先代もやはり、長野県出身で、創業者の親類だったのだろうか。

「それがね、ウチの親父は長野出身者じゃなくて中央区八重洲の生まれなんだよ。しかも、仕事はレントゲン技師だったの」

初代の深井正信さんは長野とも飲食店とも関係のない東京の会社員だった。一九一三年（大正二年）生まれだから、第二次大戦中は三〇歳前後の中堅社員だ。それがなぜ丸長と結びついたのか。戦争による疎開だったそうだ。

初代の深井正信さん夫妻と
若い従業員たち

「東京にいたら危ないということで、会社ごと長野県の湯田中に移転し、そこで終戦を迎えた。オレは戦後の一九四八年（昭和二三年）に湯田中で生まれたの」

湯田中といえば、創業者の出身地に近い。そうか、ここで何かの縁が。

「でも戦後すぐなんてレントゲン機器の需要がないから、近いうちに会社がつぶれると考えて東京に戻ることにしたんだよね。で、これからどうするかとなった親父が働いた先が荻窪の『丸長本店』だったわけ」

もともと東京出身なのだから、先の見えない仕事に見切りをつけたのは理解できる。でも、なんらかの事情（中央区は東京大空襲で大きな被害を受けた）で実家には戻れず、長野で知り合った青木勝治さんを頼っていったと思われる。ただ、詳しい経緯は深井さんにもわからない。人生設計に基づいて仕事先を決めたというよりは、生きるため、家族を養うために働き口を必死で探したのではないかという。食べるために無我夢中で働いていたけれど、短期間で腕を上げたのは職人気質な性格が料理人に向いていたためかもしれなかった。

独立は一九五三年の夏。いまの店舗からほど近いところに『下北沢丸長』の看板がかかげられた。比較的早く独立できたのは、奥さんの実家や親戚の援助を受けることができたため。池袋の小学校に通っていた深井さんは一年生の二学期から世田谷区立代沢小学校に転校した。

「親父はよく〝オレは脱サラ第一号だ〟と言っていたから、初期の独立組ですね。その場所で二年やって、いい物件が出たというので移転したのがいまの場所」

小学校の真ん前で、学校中の子どもが深井さんを店の子だと知っている。おかげで子どもの頃からあだ名は「丸長さん」。いまでも長年の常連客は略して「長さん」だ。その頃は、家に帰ると手伝わされるのが嫌でたまらず、商売人の子はつらいナと思っていたという。

店の雰囲気はどんなふうだったのだろう。

「とにかく忙しかった記憶があるね。お客さんが多いだけじゃなくて従業員が住み込みで三、四人いたんです。よく遊んでもらったなあ」

僕は一九五八年（昭和三三年）生まれだから、ちょうどその頃の話だ。どういう年だったかというと、こんな感じである。

【出来事】
皇太子妃決定、東京タワー完成、長嶋茂雄デビュー、売春防止法施行、岩戸景気

【ヒット商品】
スバル三六〇、スーパーカブ、フラフープ、野球盤
【流行語】
イカす、シビれる、団地族、ながら族

古い。自分が生まれたのはこんなに昔だったかとたじろいでしまうが、ヒット商品や流行語からも景気が上向いているのが感じ取れる。『下北沢丸長』のある茶沢通り界隈も人口が増え、それにつれて飲食店もつぎつぎにオープンしていった。

一張羅のスーツで箱根に慰安旅行

その頃、店で働いていたのはどんな人たちだったのか。初代のように、食うためにガムシャラに働いた世代は独立を果たしたり、店長クラスになっている。といって、戦後生まれが社会に出るのはまだ早いだろう。イメージがつかめずにいると、深井さんがあっさり言った。

「集団就職の子たちですよ」

ああ、そうか。戦後から一九六〇年代なかばにかけて中学や高校を卒業した子どもたちが〝金の卵〟と呼ばれ、続々と東京にやってきたのだ。

「ウチに来てたのは東北からが多かった。親父が上野駅まで迎えに行って、つきそいの教師からバトンタッチする形で連れてくるの。中卒の子は一五歳くらいでしょう。ちょうどいい兄貴分って感じだった。東京に出てきて楽しそうに見えたな。つらいこともあったんだろうけど、とにかく飯が食えて住むところもあるからね」

一九六〇年当時の『下北沢丸長』を想像してみた。厨房を仕切るのは四七歳働き盛りの初代で、フロアを仕切るのは奥さん、皿を洗ったり出前に行くのは一〇代の金の卵たちだ。客も学生や現場仕事の男衆が主流だから二〇代、三〇代が大半を占めている。

そう、僕が生まれた頃の町中華は若者が働き、若者が食べにくる、活気あふれる中華の食堂だったのだ。

いまの町中華を訪れる人たちは、「レトロで味がある」とか「夫婦で切り盛りしていて居心地がいい」などと感想をもらすけれど、当時はまったく違っていたのだ。食のジャンルとしても新しかったし、若い力がみなぎっていた。店全体がバイタリティのかたまり。上り調子。東京の人口は約九六八万人となり、一〇〇〇万都市を目前にしていた。

『下北沢丸長』では、どんなメニューがいくらで食べられたのか。アルバムの写真に一九六五年頃のメニューが写っていた。

ライス（五〇円）、五目ラーメン（一五〇円）、餃子（六〇円）、カニ玉（二五〇円）、肉団子（二五〇円）、オムライス（一五〇円）、カレーライス（一〇〇円）

ラーメンや炒飯が写っていないが、一〇〇円前後だろう。あと、かき氷もやっていたらしい。

「おっ」と思ったのは、オムライスがあることだ。初代は中華しかやったことがないはずだが……。

「その頃の大衆的な中華店はなんでもやったの。たしか開店当初から丼ものもやっていたと思いますよ。いまもウチなんかはいろいろやるけど、昔からメニューは多かったね」

え、そんなに早くから丼ものを提供していたのか。僕はこれまで、町中華は徐々に和食や洋食の要素を加えていったのではないかと推察していたのである。これは考えを改めなければ。

「どうしてかわかる？」

どんな客にも対応できるように、だろうか。

「そうです。週末には家族連れもくるでしょ。あそこは中華しかないからって思われたらお客さん他所《よそ》へ行っちゃう。中華屋なんだけどさ、丼ものはないのって言われたら、じゃあやってみるかと（笑）。だから、こういうのも作れるよっていうんじゃなくて、お客さんが食べたがるものを提供するのが基本なんだね」

中華を軸に、客が求めるもののなかで調理可能なものはメニューにして対応しようとする。作り方がよくわからなくても、そこはなんとかした。丼もの、いいじゃないか。ただし、そのままじゃつまらないからラーメンスープを隠し味に使い、そば屋の丼とは一線を画す。

これは『下北沢丸長』に限った話じゃない。多くの店が同じように客のリクエストに応えて新メニューを作っている。比較的新しいものは正式なメニュー表には載せられず、壁に手書きで貼り出されていたりするのが特徴だ。酒のつまみで出していたモツ煮込みが好評で、定食になったりしてるもんなあ。ここは何屋だよ！　とまあ、言われてみれば納得で、深井さんの言葉に頷《うなず》くしかないのである。町中華は昔から、店と客が一緒になって作り上げてきたジャンルなのだ。

どこかへ旅行へ行ったときのものだろう。写真のなかに、全員がキメキメのスーツ姿で得意満面の表情を浮かべている一枚があった。町中華にスーツ？　なぜみんな持っているのだろう。

「いまじゃピンとこないかもしれないけど、スーツ姿は男の夢だったんだよ。社会人になってビシッとスーツで決

K.Maruchoと書かれたユニフォーム。
Kは当時の住所、北沢の頭文字。バットは木製

めたいと、中華屋で皿洗ってる子でも思ってた。これは箱根だね。せいぜい二〇歳かそこらでしょう、こういう機会しか一張羅《いっちょうら》を着るチャンスがなかったんですよ」

野球のユニフォームを着た写真もある。写っているのは七人。『下北沢丸長』だけでこれだけいたのだ。何のためにユニフォームまで作ったかといえば、のれん会の店が集まって野球大会を行っていたからだ。

「ウチはふたり借りてくればチームができるじゃない。どこもそんな感じだったよね」

まさに町中華の青春時代である。店にとって若い従業員たちは家族同然。東京の親、という気持ちで面倒を見ていたという。店の二階に従業員用の部屋があり、寝起きはそこでしていたそうだ。深井さんにとっては、年長のアニキが何人もいたようなものである。途中でやめてしまう子もいたが、たいていは朴訥《ぼくとつ》な好青年で、仕事も長く続いた。

が、全盛期を迎えるにはまだ早い。丸長グループは、一九七〇年代〜一九八〇年代になるとますます数を増やすのだ。理由は二つ。代替わりと、金の卵たちの独立である。

二代目の一念発起

深井さんが二代目となって店を継ぐ覚悟を決めたのは高校卒業が迫った時期だった。親が期待しているのはわかっていて、いずれ自分がやることになるだろうとは思っていたが、なかなか踏ん切りがつかず迷っていたところに、いいアイデアがひらめいた。

「子どものときから手伝っていて、商売の大変さは知ってたから、少しでいいから羽根を伸ばす時間が欲しかったんだよね。それで、調理師免許を取らせてくれと親父に頼んだ。昼間の出前などを手伝ってから、当時は三宿にあった東京調理師学校ってところの夜学に一年間通いました」

1976年4月、新装開店当日の店内にて
後列左から2人目が深井正昭さん、隣が奥さん

正式に入店したのは一九六七年（昭和四二年）。一〇年近く働きながら修業をし、開店後二三年目の一九七六年、結婚を機に二代目主人となった。町中華は儲かっていたし、子どもが後を継ぐのは当然だと考えられていた時代なのだ。

一方、兄貴分として慕っていた従業員たちは勤続二〇年近い。年齢的にも三〇代なかばから後半に達し、独立の時期を迎えていた。気心も知れているのだから一緒にやっていく選択肢はなかったのだろうか。

「それはないよ。職人さんは親父に雇われていたのであって、弟みたいな存在だったオレに使われるのは嫌だったと思います。代替わりのときふたり独立しました」

深井さんは代替わりにあたり一念発起。二〇〇〇万円借金して、店舗を新しく建て直した。さらに、その四、五年後には隣接する建物が売りに出たので買って改装し、現在の広さになった。負けず嫌いな性格だから代替わりして味が落ちたと言われたくないと、早朝からスープの出汁をとることが習慣になったのもその頃から。居心地のいい店舗と、何度も通いたくなる味の追求。地元の客に愛される店であり続けることを自分のテーマに据えたのだ。

すでに飲食店は街にあふれ、ファストフードや大手企業のチェーン店、ファミレスも登場。これまでのようにはいかない時代がくることを無意識に察知していたのかもしれない。

雑食性と頑固さと地域密着

丸長グループの歴史からわかるのは、ラーメンという戦前からの人気メニューを軸としながらお客さんが求める中華以外の食べ物まで積極的に取り入れてきた町中華の雑食性と、なんでもアリだと思わせながら中華という軸だけはブレずにきた頑固さだ。

味に関して特筆すべきなのはスープだ。丸長では鰹《かつお》節や鯖《さば》節など、和食で使うような素材で出汁をとっている。そんなの、ラーメン専門店にいくらでもあるよと思うかもしれないが、中華メニューのラーメンに和風の出汁を導入したのは丸長が初だと言われているのだ。

なぜそんな発想が生まれたかといえば、そばの本場である長野県がルーツだから。郷土の味を中華に持ち込んだ結果、丸長のスープは強力な個性を放ち、客の支持を集めることになった。どうだ、すごいだろ。僕がいばることはないが、和風の出汁と中華料理の融合を果たしたのも町中華なのだと思うと、いささか鼻が高くなってしまう。

そうやって店を繁盛させながら、『下北沢丸長』からふたりがのれん分けしたように丸長はあちこちで仲間を増やし、共存共栄の関係を築いてきた。また、その輪のなかから、つけ麺で一世風靡《ふうび》した旧『東池袋大勝軒』のように、より時代に適応できる中華店も生まれてきた。

「さすがに平成になってからは丸長を名乗る店が減ってきたし、今後増えることもないだろうね。いっときは、この界隈だけで中華屋さんが八軒あったけど、いまはウチだけになっちゃった。それこそ時の流れだから仕方がないと思うよ。かつてのように儲かる商売じゃないからね。オレだって、息子がいるけど親父に言われたように後を継げとは言えないもん。自分の代で終わってもいいいと考えてます」

そう言いながらも、深井さんは七〇代になったいまも朝六時から出汁をとり、床を磨き上げ、メニューサンプルケースにホコリのひとつもない状態で客の来店を待つ。年をとったからとか疲れやすくなったからという理由でやめることはプライドが許さないのだ。

「この前、子どもの頃からしょっちゅう出前をとっていたって女性が、初めて店に食べに来たの。やっとアツアツが食べられましたと喜んでくれて嬉しかった」

そうか、店で、できたてを食べるのは初めてのことだったのだ。それなのに、食べ慣れた味というところに、町中華と地域の親しい関係が表れている。

「ママさんバレーの人たちが練習の後で来てくれたりね。あの人たちはよく食べ、よく喋るよ」

町中華が食堂兼ダベリ場になっているのか。ここ、居心地いいもんなあ。近所の人にとってはサロンみたいな感じなのだろう。

「ラーメンを掬《すく》ってみる？　やったことないでしょう」

ひとしきり喋り終えた深井さんが、厨房に入ることを許してくれた。厨房は店の聖域だけに、信用してもらったようで嬉しい。

とはいえ、麺を掬うのは初体験で緊張する。渡された平たいそば上げの網で麺を掬い上げて軽く湯切りをするのだが、掬ったそばから麺がこぼれてしまう。あきらめて網を返すと、深井さんが手際よく麺を乗せてまとめてしまった。速い。忙しいときは同時に五玉くらい一気に茹《ゆ》でるため、それでも麺が伸びないよう、一杯分を二〜三秒でまとめる技が身についているのだ。深井さんによれば、昔は大量の湯で茹でて麺を遊ばせ、平たい網で掬うのが普通だったそうだ。

持ちにくい平たい網で
手際良くラーメンを掬う深井さん

網の表面が広いから、湯切りもチャッチャと二回だけ。

ラーメン専門店や立ち食いそば屋で見かける、一人前用の深いそば上げのかごに麺を放り込む方式なら、少なくとも分量を気にする必要はない。ところが、平たい網の場合、注文が重なったときは掬い取った麺が適量かどうか、目と手首の感覚で瞬時に判断しなければならない。それなのに、深井さんは考える素振りも見せずに麺を丼に移していくのだった。見た目、それぞれの量はまったく同じ。せいぜい麺一、二本の差だと思う。

ここまで熟練するのに、どれほどの時間がかかったことだろう。何杯のラーメンを作ったことだろう。

そうか、深井さんは僕に掬わせることで、町中華は安い値段で気軽に食べられる店だけど、だからといって客に甘え、気を抜いた仕事をしてるわけじゃないよ、と伝えたかったのだ。

厨房から見る店内は、どこもかしこも清潔に保たれている。無数の客が利用し角が丸みを帯びているテーブルも、背に「長」の字がくり抜かれた光沢を帯びた椅子も、実用的に使い込まれたものが持つ美しさに満ちている。

初代は店を譲った後も現役を続行し、九〇歳になっても釜場に入っていたそうだ。深井さんも、息子が継ごうと継ぐまいと、カラダが続く限り鍋を振ることになるのだろう。

3

引揚者の参入で大陸の味が合流した

タダモノじゃない町中華

町中華のルーツを考える上で、忘れてはならないのが戦後、大陸から引き揚げてきた人たちの参入だ。そのことは町中華探検を始めた当初から気になっていて、大きな影響を与えたに違いないと想像していた。でも、その根拠は「焼き餃子は旧満洲帰りの人が持ち込んだものらしいから町中華への影響もあっただろう」とか「ラーメンチェーンや町中華に、旧満洲の都市ハルビン（現在の黒竜江省ハルビン市）の名を使われてるのをときどき見かけるから関係あるんだろう」といった、はなはだ頼りないものだった。

いつかは手をつけねばと思っていたのだが、ついつい後回しになっていた。し

東府中駅前にそびえる
中華料理スンガリー飯店。
量が多くて安いと評判の
週替わり定食は、
ブログでも紹介している

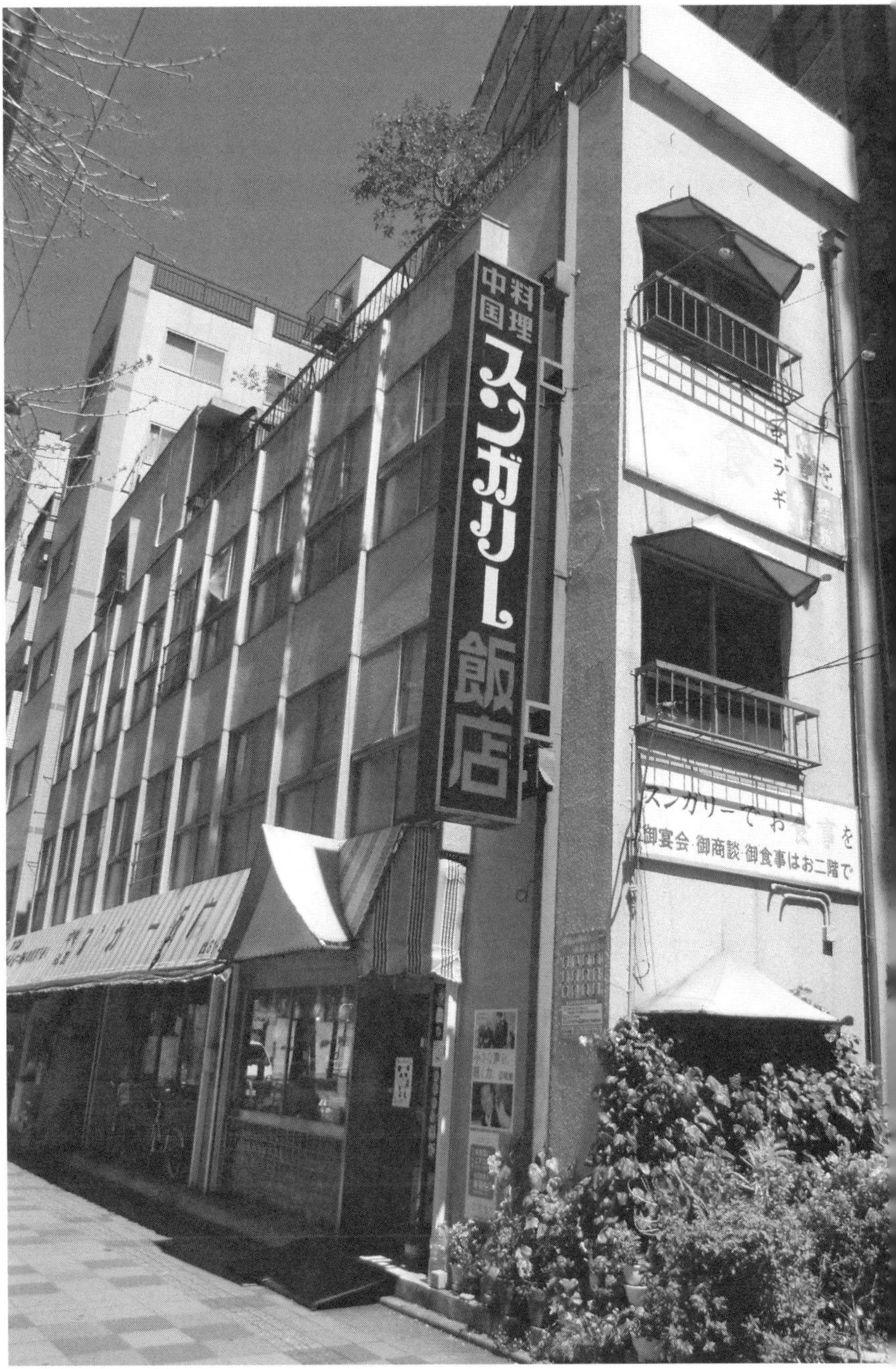
中国料理
スンガリー飯店
スンガリーでお食事を
御宴会·御商談·御食事はお二階で

かし、戦前からのルーツと、戦後に上京した人たちの活躍がわかってきたいま、躊躇《ちゅうちょ》する理由はない。三つめの柱としての引揚者と町中華の関係を考えてみたい。

それで思い出したのが、『スンガリー飯店』のことだった。ぼんやりとしたものではあっても、僕が町中華と引揚者の関係を想像するきっかけとなった店である。曲がりなりにも数百軒、だてに訪ね歩いてきたわけじゃない。ヒントはきっと、これまでの探検のなかにある。

＊

『スンガリー飯店』を〝発見〟したのは二〇一五年の夏、雑誌の取材で東府中（東京都府中市）へ行ったときだった。町中華探検を始めてから、どこかに行くと町中華を探すクセがついていて、集合時間より早めに到着したときは周辺をチェックするのだが、このときはその必要もなかった。東府中駅北口前の交差点から建物の側面が丸見えだったのだ。

それだけならよくある駅前中華なのだが、この店にはタダモノじゃない雰囲気が漂っていた。四階建ての立派なビルなのである。町中華の多くは普通の民家風だったり、ビルだとしても一階部分で営業していて、小ぶりな印象がある。それにひきかえ、ここは威風堂々としており、「飯店」と名乗っていることからも、第一印象は「本格中華の店」というものだった。

だけど何かが引っかかる。探検で芽生えた〝町中華アンテナ〟が、ここをスルーしてはならないとささやくのである。店名が変わっていることも理由のひとつだったが、どういう書体か説明しにくい特徴的な文字で書かれた看板にも目が釘付けだ。建物の側面には〈スンガリーでお食事を　御宴会・御商談・御食事はお二階で〉のコピーが躍り、少々色褪せた感じで味がある。

これは外観を確かめなければと思い、信号を渡って正面から眺めてみた。けっこう横幅のあるビルだ。建ってからそれなりの年数が経過していると思われるが、いまでもこれだけ存在感があるのだから、建った頃はさぞかし目立ったことだろう。

照明が印象的なメニューサンプルケース。
パンダなどの置き物があちこちに

入口ににじり寄ると、レトロ感あふれるテントがあり、メニューサンプルケースはランプの灯りで照らされている。どことなく上品というか、本格派の佇まいだ。その一方で、ドアのあたりには定食やセットメニューの案内があり、値段もいたって庶民的である。

〝降りてきた派〟と〝来日系〟

かつては本格派志向の強い飲食店だったところが、時代や客の変化に合わせて方向転換するのは珍しいことではない。むしろちょくちょく出会うと言いたいほどで、探検隊では「よく来てくださいました」の気持ちを込めて〝降りてきた派〟と呼んでいる。

ちなみに、このところよく見かける中華屋に、食べ放題、飲み放題を謳《うた》い、やたらとメニューの多いタイプがある。店名は漢字二文字が多く、〝麗〟とか〝華〟などがよく使われ、看板はやたらと派手。昼どきに弁当を売っているところもあったり、何か全体的に攻める姿勢を強く打ち出しているのが特徴だ。入店するとスタッフが片言の日本語で対応してくれる。安い値段で本場風の料理が食べられるため、サラリーマンを中心に人気を博しているようだ。似通った店ばかりなので、チェーン店化しているのかもしれない。

横浜中華街を例に出すまでもなく、本場の料理人が腕を振るう店は昔からある。明治以降、日本に中華料理を広めてくれたのは彼らで、その味を継承しつつ、日本人好みの味に〝激変〟させていったのが町中華だったと言うこともできるだろう。かつての料理人が町中華に来たら「こんなふうに仕上がったのか！」と仰天するのではないか。

〝麗〟とか〝華〟の店が現れたのは一九九〇年代あたりからだろう。それが徐々に増えて、ひとつのジャンルと言えるほどになってきた。町中華と区別するため、探検隊では〝来日系〟と大雑把なくくりで呼んでいる。

エリアによっては町中華と客層がかぶり、激戦を繰り広げているようだ。東京でいえば、品川区の大井町周辺では、いまや町中華より来日系の数が多くなっている。逆に下町方面では町中華が踏ん張り、来日系が撤退してしまうところもある。値段の安さや派手さでは引けをとっていても、町中華には来日系にはない強みがあるからだ。それは常連客の存在。なじみの客がガッチリ支えてくれることが、地域密着で長年商売してきた店が持つかけがえのない財産だと思う。

『スンガリー飯店』の焼き餃子。
5個380円

〝満洲帰り〟の焼き餃子

さて、『スンガリー飯店』である。気になる店だ。開店前とあって店内の様子は見られないが、出会ってしまったからには入っておきたい。よし、今日の昼食はここだと心に決め、取材先に向かった。

数時間後、仕事を終えるとさっそく訪ねてみた。店内は一般的な町中華より広く、カウンター席はない。二階は大人数の予約が入ったときだけ使われているようだ。厨房は奥にあり、客席から丸見えの〝劇場型中華〟ではない。

定食から一品料理までの幅広いメニューから、ランチセットを注文。味はいたって普通だった。会計のとき、店名の由来を尋ねると、中国北部を流れる松花江《しょうかこう》という川の別称で、創業者が満洲からの引揚者だったことから名付けられたという。

僕のツメが甘かったのは、引揚者にルーツを持つ店が実際にあることに満足して店を出てしまったことだ。あの頃は一軒でも多く行き、町中華の全体像をつかむことを優先していた……言い訳だなあ。気になる店であれば、すぐに再訪して話を聞き込むべきだったのに、それをしなかった当時の自分を叱り飛ばしたい。

案の定、日が経つにつれて、戦後、外地から引き揚げてきた人たちが町中華に与えた影響が気になってきた。

引揚者のうちもっとも多かったのは旧満洲を含む中国のはずだ。彼らは現地にいる間、日本食ばかり食べていたわけではない。やはりどうしたって中華料理が基本だったと思われる。引揚者は日本に、彼らが体験してきた味を持ち帰り、そのなかに、それを武器として戦後の厳しい時代を乗り切ろうとした人がいたのだと思う。

もちろん、数でいったら日本で暮らしながら戦後の混乱期を乗り越えて商売を始めた人が圧倒的に多く、それこそが原点と考えることもできる。ただ、引揚者によって日本に〝輸入〟された料理には、町中華のマストアイテムとなったものがあるのだ。

家庭料理としても普及し、ラーメンや炒飯と並ぶ町中華の定番中の定番メニュー、焼き餃子である。

そこで、具体的にどういう経緯だったのか、焼き餃子を入口に、引揚者と町中華の関係を調べてみることにした。

中国では古くから餃子が食べられているが、もっともポピュラーなのは茹でたものを湯切りして食す水餃子で、ご飯のおかずというより主食として親しまれてきた。他には点心のひとつである蒸し餃子や、揚げ餃子が一般的。焼いて食べることは主流とはいえず、薄い皮で具材を包んで焼き上げるスタイルが人気メニューとして定着しているのは日本だけと言われる。

では、いつ、どんな人が伝えたのか。自他ともに認める餃子の街、宇都宮市の公式サイトには以下のような記述がある。

〈宇都宮が餃子のまちとなったのは、市内に駐屯していた第14師団が中国に出兵したことで餃子を知り、帰郷後広まったことがきっかけです。また、宇都宮は夏暑く冬寒い内陸型気候のため、スタミナをつけるために餃子人気が高まったとも言われています〉

戦時中に広まったはずはなく、戦地から戻った軍人や、旧満洲で暮らしていた引揚者が店を始め、メニューに取り入れたことで、知られるようになっていったと考えていいだろう。では、こうした現象は宇都宮市だけで起きたのか。そんなことはない。

アメ屋を始めた引揚者

台湾、朝鮮、満洲、関東州、サハリン、千島列島、南洋諸島などの地域に移住し、敗戦後、日本に帰還した引揚者は約六六〇万人もいたという。彼らは地元に戻ったり、都市に住むなどして、日本各地で新しい生活を始めた。前述のように、そこには当然、引き揚げ前に暮らした土地の食文化が持ち込まれたはずだ。

引揚者のなかで突出して多かったのが中国と旧満洲国から戻ってきた人びと。ともに一〇〇万人以上と言われるが、中国から引き揚げた人の大半が軍人だったのに対し、満洲は民間人が多数を占めたとされる。

おそらくここがポイントだ。日本を引き払って満洲に移住した人たちが出直しを図るなか、飲食店に目をつけ、闇市で商売をしたり、屋台を引いたり、店を出そうとする人が一定数いたのだと思う。

『引揚者の戦後（叢書　戦争が生み出す社会Ⅱ）』という本には、引揚者が集まって組織を作り、力を合わせて商売をした様子が紹介されている。一例を示すと、台東区上野にある「アメヤ横丁」（アメ横）がそう呼ばれるようになったのは、上野駅でアイスキャンディを売っていた「下《した》谷《や》引揚者更生会」が、冬に売れるものをと考えてアメに目をつけたのがきっかけだったという。引揚者に多くいた南満洲鉄道（満鉄）出身者が、国鉄に再就職した元の仲間の縁をたどって、高架下スペースを使うことができたのだ。砂糖不足の時代、アメ屋は大繁盛。引揚者以外もそこらじゅうでアメを売ったことから、アメ横という通称がついたのである。

必死で道を切り開いていった彼らのなかから、自分で商売をやろうとする人が現れる。限られた元手だから、選択肢は多くなかっただろう。

引揚者ではなかったが、戦後に郷里を離れて商売を始めた僕の祖父は、「みんな腹ペコだ。甘いものにも飢えている。飯屋か甘いもの屋なら儲かると考えて菓子屋になった」と言っていた。小学生だった僕にはピンとこなかったけれど、菓子職人でもなかった祖父が人生を切り開くために現実的な判断をしたことが、いまなら少しはわかる。

祖父でさえそうだったのだから、引揚者の一部が何か始めようとするとき、食べ物屋にしよう、満洲での生活経験を活かした中華で行こうと思うのは、ある意味自然なことだと思う。

何も自分が料理人である必要はない。戦後の混乱期、戦前から住んでいた人に加え、日本には海外から新天地を求めてやってきた人もいた。料理人を探す苦労は少なかっただろう。いまの町中華は日本人が鍋を振る店がほとんどだが、かつては中国や台湾出身の料理人が厨房を任されている店がそこらじゅうにあり、彼らから学びながら料理を覚えていった経営者が多かった。そうした試行錯誤の結果が二代目などに受け継がれつつ日本人好みの味に改良されていったわけで、初期の町中華で提供されていた料理の味は、いまとはかなり違うはずだと僕は思っている。

引揚者が日本に持ち込んだもので人気を博した料理には、北海道の芦別《あしべつ》市で郷土料理として親しまれている、豚骨・鶏ガラをベースに野菜や肉、卵などを入れてとろみをつけた「ガタタン」や、盛岡名物となっている「じゃじゃ麺」、ラーメンを屋台で売る夜鳴きそばなどがある。中華以外では、辛子明太子やジンギスカンも引揚者によって生み出された食べ物とされる。

だが、なんといっても出世頭は焼き餃子だろう。

シュウマイの座を焼き餃子が奪取した

安くておいしくてスタミナのつく戦後の新メニューとして登場した焼き餃子は、戦前に定番だったシュウマイを押しのけるように人気を高めていく。人形町の『大勝軒本店』のページでも触れたように、焼き餃子をメニュー化しなかったのは、シュウマイに自信があるからというより、店を始めたとき、日本にそんなメニューは存在しなかったからなのである。

テレビさえない時代だったけれど、焼き餃子の人気は商売人なら無視できないほど、口コミでどんどん広がっていった。老舗の『大勝軒本店』はともかく、中堅どころの店は悩んだに違いない。女将さんが持ちかけるのだ。

「えらく人気になってるわよ。うちでも餃子をやってみようか」

店主は難しい顔で考え込む。

「でも、シュウマイがあるからな。どっちもとなるとオマエ、手が足りねぇぞ。ま、試しにやってみて、餃子とシュウマイ、どっちがいいか様子を見るか」

大分県別府市で餃子専門店『湖月』の創業が一九四七年、神戸市の『元祖ぎょうざ苑』が一九五一年。このあたりを焼き餃子メジャー化のあけぼのと考えても、まだまだ新参メニューである。焼き餃子は導入するけれども、舌になじんだシュウマイだって戦前からの人気メニューだから切り捨てるわけにはいかない。並立だ。作るのが大変だけど、両方をメニューに載せて様子を見るという判断。

この時代は長く、僕が学生だった一九七〇年代後半には、焼き餃子に押されながら、シュウマイもやっている店が大半だったと記憶する。が、ビールのつまみに良し、定食に良し、セットメニューでは脇役もこなせる焼き餃子の勢いは衰えを知らず、築地市場から豊洲市場に移転した『やじ満《ま》』のようにシュウマイで有名な店も残ってはいるが、いつの間にか扱う店が減ってしまった。

町中華でさえそうなのだ、一般家庭ではもっと早く決着がついたものと思われる。子どもたちにも人気抜群な餃子は家庭料理としても普及したからだ。一九五八年生まれの僕も、小学校高学年か、遅くとも中学生時代には餃子作りを手伝わされていた記憶がある。おそらく僕の世代になると、餃子といえば焼き餃子であり、水餃子のほうが亜流な感じで育ったのではないだろうか。

大げさではなく、引揚者たちは戦後の食文化を変えたのだと思う。それ以降も町中華界ではさまざまな料理を取り入れてきた。ただ、単品で焼き餃子を脅かすメニューは現れていない。

しかし、シュウマイが餃子に屈したと決めつけるのは待ってほしい。シュウマイの不運は蒸し物だったことで、それゆえに町中華ではマイナーなメニューになっていったのだし、家庭料理にもなりきれなかっただけなのだ。

世界的に見れば、焼き餃子は日本という国においてのみ爆発的に広まった料理。正統派中華料理として実力を発揮しているのはシュウマイのほうである。いわば、満洲発のローカルメニューである焼き餃子に町中華を任せ、シュウマイは本来の持ち場で我々を楽しませてくれている形だ。そこにはオトナの余裕ってもんがある……かどうかは知らないが、町中華ファンたるもの、シュウマイへのリスペクトを忘れてはならない。シュウマイのある町中華を見つけたときは、なるべく注文し、「シュウマイ、まだ行けるな」と、店主を安心させなければならないのである。

シュウマイのことはこれくらいにしておこう。焼き餃子人気の高まりで、それが満洲からやってきた味であることも知れ渡った。埼玉県を本拠地に主に首都圏で展開する町中華チェーンに『ぎょうざの満洲』があるが、屋号に違和感を感じる人はきっと少ない。ぎょうざだから満洲なんだ、と思う。

おもしろいのは、店側もそのイメージをうまく商売に利用していることだ。『ぎょうざの満洲』創業者は、兄が満洲からの復員兵で、餃子の話をよく聞かされたそうだ。おやつとしても主食としてもおいしいなら日本でも人気が出る。そう考え、東京オリンピックがあった一九六四年、中華料理店を開業する際、満洲国の都市名『満洲里』と命名。一九七七年から『ぎょうざの満洲』に改め、現在に至っている。

満洲との関連を示す屋号としてよく使われているのが、ハルピンだ。正式にはハルビンなのだが、なぜか店舗名となるとハルピンとなっている。

僕の住む松本にも同名の中華主体の食堂があるが、どう見ても個人店。満洲帰りの人が始めた店だとしても、あえてハルピンを屋号にしたのは、誰かがこの名前で店を流行らせた結果、それを真似した店があちこちに増えていったのだろうと想像がふくらむ。

そして、その名はだんだん記号化され、地名というよりは、中華店のシンボルとなって刷り込まれていった。満洲国の首都を店名にした『新京』（現在の吉林省長春市あたり）などもそうだ

ピーマンとトリ肉炒め定食。
定食は週替わりで600～900円

が、こうした屋号を見ると、客は反射的に餃子が看板メニューなのだと思ってしまうのだ。若い世代には、満洲といったって通じにくくなった現代でも、ハルピンは通用するのがおもしろい。まあ、人のことをとやかく言う資格はない。今回調べるまで、僕だってハルピンが旧満洲国の都市だったことしか知らなかったのだから。

花屋をやめて開業した『スンガリー飯店』

三年ぶりに再訪した『スンガリー飯店』は、前回と変わらぬ佇まいで東府中の駅前にあった。ホッとする。町中華は店主の高齢化などで店を閉めるところが増え、ネットに情報があっても、行ってみたら閉店のお知らせが貼られていることも珍しくないのだ。

とくに餃子を推しているようでもないのでピーマンとトリ肉炒め定食（写真）を注文し、改めて店内を眺めた。入口やレジとテーブル席を区切るアーチ型の壁があり、天井と側面の壁からはランプの柔らかい光が降り注ぐ。基調となる壁の色はワインレッド。宴会席まであるくらいだから、できた当初、中・高級路線の店だったのは間違いないだろう。それともこの内装は店主のこだわりなのか……、気になるなら店の人に訊《き》け！

食べ終わり、皿を下げに来た女性に申し出て、話を聞くことができた。ここは彼女の祖父と祖母が始めた店で、現在は自分がフロアを手伝い、三代目となる弟が料理を作っているという。開業したのは一九六〇年というから半世紀以上前。当時は平屋の中華料理店だった。

どんな時代だったかというと、世の中は一九五四〜一九五七年にかけて三一カ月間続いた神武景気を上回り、四二カ月間続いた岩戸景気に沸いていた。皇太子夫妻に長男（徳仁《なるひと》親王）が誕生し、ダッコちゃんが大流行した頃である。経済白書に「もはや戦後ではない」と書かれたのは、その四年前だった。

店内の様子。小上がりとテーブル席がある。奥の壁には大きな龍の絵が

平屋を取り壊し、現在の四階建てビル（一、二階が店舗、三、四階が住居）に変身したのは一九七二年。札幌オリンピック、連合赤軍によるあさま山荘事件の年だった。景気は順調で、石油ショックで物価が急上昇するのは翌七三年のことだ。

創業後、わずか一二年で平屋からビルへと変身したのか。それ以上の説明を受けなくても、『スンガリー飯店』の好調ぶりがわかるというものだ。

そもそも、どういう経緯でこの店は誕生したのか。

「祖父母たちは満洲帰りで、引き揚げたのは一九四一年（昭和一六年）と聞いています」

六月のミッドウェイ海戦で日本軍が完敗した年である。敗戦前のこのタイミングで引き揚げることができたのは幸運だったかもしれない。

満洲で暮らしていたのはハルビン。二代目はそこで生まれたという。そうか、やはりハルビンに関係があったのか。

「店名の由来ですか？　詳しくはわかりませんが、スンガリー川に何か思い出があったのではないでしょうか。戦後間もなく東府中で暮らすようになり、祖父は立川の米軍基地に勤務し、祖母は現在の店舗のすぐ近くで花屋を開いていたんです」

飲食とは縁もゆかりもなかった夫婦が、なぜ中華店をやることになったのだろう。いつかは一緒に料理店を経営するのが祖父母夫婦の夢だったのか。

「残念ながら、そういうドラマチックな展開ではないんですよね。この場所で中華料理店をやろうとした中国人の方がいたらしいのですが、契約寸前になってどこかへ消えてしまったらしいんです」

祖父母夫妻が知り合いだった家主か不動産業者に泣きつかれて引き受けたらしい。料理ができたわけではないので、新たに中国人の料理人を雇い入れ、自分たちはフロアや会計を担当する経営者になったのだ。ははは、なんだそれ。

「そうなんです。成り行きで始めちゃったのがすごいですよね」

飲食店向きの物件だとしても、安定した暮らしを捨て、準備期間ゼロで未経験の飲食店経営に舵を切るなんて、いまの感覚では考えにくい腰の軽さだ。明日を信じることのできた時代は勢いがあるなあ。

しかも、その素人が始めた店が当たってしまうのである。東府中には航空自衛隊府中基地があり、そこで働く人たちが常連客になってくれ、会合や宴会でも使ってくれた。界隈に飲食店の絶対数が少なかったこともあり、付近の会社で働く人もたびたび来てくれる。基地での仕事や花屋をやめて挑んだ賭けは吉と出た。

「内装についてこだわりがあったかどうかはわかりませんけど、厨房の前にある龍の絵も当時のままだと聞いています。中華っぽさを出したかったんでしょうね（笑）」

流れに乗って二代目が後を継ぎ、二〇〇〇年からは三代目が調理を担当。初めて店主が鍋を振る店になった『スンガリー飯店』。

「いつまで続けられるかわかりませんけど、弟がやる気になっているのでがんばりたいです」

姉さんは弱気だが、後継者不足の町中華で三代目にバトンタッチできたのはレアケース。家

満洲国・ハルビンの中央寺院
1934年2月（毎日新聞社提供）

族経営で乗り切ってほしい。食事処が乏しい東府中で町中華の灯を守るのは、ここしかないのだ。

ハイブリッド都市ハルビンは町中華的混沌に満ちていた⁉

店の成り立ちはわかったが、姉さんは僕よりずっと若く、満洲のことまではわからない。でも、知りたいではないか。

そこで資料を当たってみた。スンガリー川流域の主要都市には吉林《きつりん》市、ハルビン市、ジャムス市がある。初代が住んだハルビンはどんなところだったのだろう。

じつは、『スンガリー』という店名には聞き覚えがあった。町中華ではなく、同名の有名ロシア料理店が存在するのだ。新宿などに店があるが、一九五一年に新橋で創業している。創業者は歌手の加藤登紀子さんのご両親。彼らもハルビンに終戦直後まで暮らしていた。ハルビンにはロシア人が多かったため、ロシア語も話せたという。現オーナーの加藤登紀子さんもハルビン生まれである。

なぜロシア人がいたのか。ここからがおもしろい。当時のハルビンは、世界でも珍しいハイブリッド都市だったのだ。

一九世紀末、世界の強国は中国への侵略を開始したが、列強のひとつロシアは満洲を狙い、その拠点となる〝東方のモスクワ〟にすべく新都市・ハルビンを建設した。もともと中国人が暮らしていた場所に造られたのだから、ロシアが支配していても文化は入り交じる。

しかし、それだけでは済まなかった。一九三二年の満洲国建国後、この地を支配した日本が、両国の間に割り込んでいったのだ。街路や広場が造られ、ロシア正教の寺院や病院などが立ち並び、中国人の商業エリアや居住区も定められるなど、着々と進んでいた新市街計画の途中で、日中露の人たちが入り乱れて生活することになったのである。

幻に終わったが、満洲に強い影響力を持っていた関東軍はハルビンの先進性に注目し、都市建設のための会社を設立しようと画策。国際都市とすべく、パリのムーランルージュのような劇場や競馬場、カジノをつくる計画まであったというから驚く。

人が交流すれば食文化も交わる。ロシアでは焼いて食べられることが多いピロシキも、ハルビンでは油で揚げて食べられるようになった。そして戦後になって日本に伝わるときには、具材に中華料理の材料である春雨が使われ、その形がピロシキとして普及していくことになる。その中心的役割を果たしたのがロシア料理店『スンガリー』だったわけだ。

スンガリー飯店内の照明。
優しい光

でも、それはあくまでハルビン風ピロシキがアレンジされたものに過ぎない。日本人の大半がピロシキと聞いて思い浮かべる、カレーパンみたいな揚げパンのなかにひき肉とタマネギ、春雨などが入ったものをウクライナ出身のロシア料理店の店主に見せたら、「これはピロシキじゃない」と即答されたことがある。ロシアの西側ではピロシキは焼いて食べるもので、揚げたものなど食べたことがないというのだ。

つまり、揚げピロシキは、ロシアと中国の食文化が融合して、ハルビンの土地柄に合う味へと変化したものだといえる。ピロシキといえば、ロシアでは惣菜パンのようなものとして親しまれるだけではなく、伝統的な料理として大切にされてきた食べ物。それでさえ、中華風に姿を変えてしまった。

焼き餃子はピロシキとは逆に、日本に伝わってメジャー化した食べ物。中国では蒸すのが基本で、焼いて食べることはなかったという。ニンニクを使うようになったのも日本に伝わってからのことだ。

ただ真似をするのではなく工夫を加えて独自の味になっていく。そして、そのように生まれ育った日式中華や日式ロシア料理の源流となったのが、ハルビンというハイブリッド都市だったのではないか。ここをヨーロッパ風の歓楽街にしようと考えた関東軍は、どれだけ調子に乗っていたんだと思ってしまうが、夢のような構想を抱かせる魔力を、この都市はきっと持っていたのだ。

文献やネットでハルビンについて調べている途中、ハッとする瞬間があった。ロシア人が建築した建物の、ルネサンス様式やアールヌーボー様式のデザインが、『スンガリー飯店』の内装と似通って見えたのである。あの照明もアールヌーボーランプ風と言えなくもない。目の錯覚かもしれないが……。

改築にあたって、創業者夫婦は満洲を思い出しながら、店名はどうしよう、内装はどんなデザインにしようと話し合ったことだろう。頭にあったのはハルビンの建物や風景。あれを自分たちなりの思いを込めて再現しよう。そう考え、ランプの灯を使うことにしたのではないだろうか。

おそらくふたりには、彼の地に幸福な思い出があった。流れのままに中華料理店を始めることになったとき、ハルビンを象徴する固有名詞として、『スンガリー飯店』に決めたのだと僕は思う。

コラム 1

町中華店名考

町中華の屋号で多いのは地名を冠したもの。地名以外で目立つ屋号としては「軒」がまず挙げられる。多いですよ「軒」は。それに続くのが「亭」であり、「楽」あたりだろうか。「来々軒」「幸味亭」「喜楽」なんて、いかにも町中華っぽい印象があるが、しかしこれはラーメン屋の屋号としてもありふれたものだ。なぜだろう。

ある時期まで、町中華とラーメン屋は、そんなに大きな違いのある商売ではなかった。ラーメン屋がラーメンだけで商売するのが定着したのは割と最近のことで、昭和期の終わり頃までは、ラーメン屋を名乗ってはいても炒飯や定食があったりして、その違いというのは麺主体でいくか、それとも飯も単品もバランス良く加えたメニュー構成にするかによって生じるところが大きかった。

　僕の記憶では一九七〇年代前半に一世風靡した札幌ラーメンのチェーン店『どさん子』にも炒飯はあったし、七〇年代後半に東京エリアで数を増やした『つけ麺大王』にもご飯メニューがきっちり揃っていた。まだ世の中にはラーメンマニアなる人たちの姿もなかった時代、ラーメンはいまほど偉そうな食べ物じゃなかった。大衆的な中華店というざっくりしたくくりのなかにラーメン屋も含まれていたわけだ。

　で、人気が沸騰したラーメンが、昭和の終わり頃から専門店化していき現在に至る。根っこの部分はつながっているのだから、屋号がダブりがちなのも頷けるというものだ。ちなみにそば屋でおなじみの「庵」を使った町中華にはお目にかかったことがない。「庵」は和食のイメージが強いせいだろう。

「軒」「亭」「楽」の間にさしたるクラス分けはない。総じて町中華は名前に凝らず覚えやすさ優先。だからこそすんなり町に溶け込むことができるのだ。ポピュラーな店名のひとつ「喜楽」で屋号の由来を尋ねると、縁起が良さそう、気楽に来てほしくて、と答えが返ってくる。深い意味を持たせるより思いつきで決めてしまう傾向があるのかもしれない。

　その最たるものが「華」一派である。中華の華だよ。「中華料理　美華」なんてよくあるネーミングだけど、わずかな文字のなかで華がダブってますからね。とにかく中華であることを伝えたい、それしか考えてない気がする。あと数的にはやや少ないが「福」も使われる。このあたりは縁起担ぎもあるだろうし、本格中華で「福」はよく使われるので、そこを意識しての命名かもしれない。

中華らしさを誇らしげにアピールする言葉として、「龍」も忘れてはならない。金龍、銀龍あたりは鉄板の町中華名だ。「番」は一番、十番、十八番、五十番がよく使われるようだが、これも親しみやすさを優先したネーミングだろう。探検隊ではこういう店を〝番号中華〟と呼んでいる。番号中華にはのれん分けで広がったところもあるが、全国各地にあるところから考えると、勝手に名付けられた店も多いだろう。町中華では居抜きで借りた店舗で商売を始めるとき、その場所にあった店の名前をそのまま使うケースもけっこうあるほどで、あまり屋号にはこだわらない。ちなみに全国各地で見かける『五十番』は、『神田五十番』が商標登録した『中華料理五十番』の屋号を買い取るシステムを採用していたそうだ。共通点は店名だけで、あとは各店が独自の経営をしているのである。

思いつくままに並べてみたが、他ではよくあるのに町中華ではめったに使われない屋号がある。個人名だ。「中華料理　北尾」とかあまりないよ。店主が前面に出ない。

そういう目立ち方を好まないのが町中華の特徴だ。

店名のインパクトを重視せず、さりげなく駅前に店を構えて客を待つ。標準的な広さはカウンター席とテーブル四つくらいか。席数で二〇〜三〇というところだ。そういう店が小さな駅で二店ほど、ちょっと人が多いところだと三、四店ある。コンビニがそうであるように、町中華の客は自宅と駅を結ぶ生活導線上の店に通いがちだから、通りを挟んで向き合う店でも共存できるのだ。

ラーメン専門店はライバル店との差別化を図るためか、凝った店名が増えてきたけれど、町中華にその傾向はないと思う。店主もそうだけど、客が屋号など気にしていないからだ。東京都三鷹市の『一番』は、一〇年以上前に強風で外れた看板をつけ替えないまま営業している。店主に訊いたら、今後も新調するつもりはないそうだ。

「二〇万円以上かかるからね。近所の客ばかりだから、看板がなくても誰も困ってないし」

何年も通っているのに店の名前を知らない客がいる。だって必要ないから。それこそが町中華の勲章なのである。

4

日本人の食生活を変えたアメリカの小麦戦略

町中華から見た戦後

町中華のルーツとして、戦前から営業していた中華料理店、戦後の上京組、満洲からの引揚者について考えてきた。彼らは自分たちにできる方法で敗戦からの再スタートを切り、やみくもに走り始める。結果、だんだんと中華の店が増えていったというのが〝町中華のあけぼの〟の姿だった。

そのままであれば、戦前組、上京組、引揚者はそれぞれ独自路線を進み、ひとつにまとまることはなかったかもしれない。

が、実際には異なるルーツを持つ流れはやがてひとつになり、自己資金はあまりなくてもコツコツやれば開業できる、僕たちが町中華と呼ぶところの、なんでもありの中華屋へとなっていく。

ララ物資（P.87）で学校給食が始まり、感謝の街頭行進をする子どもたち
1948年3月
（毎日新聞社提供）

そこには必ず、それぞれの背中を押すような、振り返ったときターニングポイントとなる出来事があったはずである。

いったい、それは何だったのか。つぎなる謎はそこである。

「謎というほどのことはないでしょう。立役者はラーメン。混乱期の後に高度成長期が訪れ、インスタントラーメンは出てくるわ、カップ麺が人気になるわ、ラーメン専門店まで登場して、国民食になっていった。歩調を合わせるように町中華も大繁盛して、どんどん店が増えていったってことじゃないの？」

そんなふうに、一言でまとめてしまう昭和のオヤジもいるだろう。たしかに戦後のざっくりした流れとしては、そんなものかもしれない。ファミレスやチェーン店がさほど多くなかった青春時代、中華屋に通ってパンチの効いた料理を食べ、その混雑ぶりや、新規店がつぎつぎにオープンするのを目撃した世代だからこそ、わかった気になれるのではないか。

でも、僕は思うのだ。町中華をもっと知りたいと思い、超老舗は別として発祥のスタートラインを終戦直後に置いた。その後の経緯を追いかければ、町中華から見た戦後が見えてくるに違いない。

昭和が産み落とした食文化には、ファミレスもあればフランチャイズのチェーン店もある。他にも分類の仕方はいろいろあるだろうが、それらはある程度、世の中が軌道に乗ってからのし上がったジャンルであり、海外の成功モデルを参考にして発展してきた。その点、町中華はメニュー同様、日本独自の進化を遂げたジャンル。どん底から這い上がってきた町中華には、他にはないダイナミックな歴史がある。まあ、それはそれで偏りまくった戦後史かもしれないけれど……。

わかった気になっている一方で、僕たちが知らない、あるいは忘れかけていることもある。『下北沢丸長』で話を聞いたとき、衝撃を受けたのだ。それは、半世紀ほど前の『下北沢丸長』では、中卒で地方から上京してきた一〇代なかばの若者が働いていたという事実だった。僕はその時代の町中華の風景を知らないが、一九七〇年代の後半には客席に座るようになったのだから、二〇代くらいの従業員に接していた計算になる。町中華というと家族経営でつつましく営業しているビジュアルを想像しがちだが、もともとそうだったわけではない。それがすっぽり、記憶から抜け落ちていたのだった。

なぜ和食の食堂ではなく中華だったのか

話を先へ進めよう。終戦後の混乱が少し落ち着く一九五〇年代になると、町中華の原型のような店が自然発生的に生まれてくる。たとえば、戦後の闇市で商売していた人が資金をためて店を出すパターン。そのときに選択肢のひとつとなったのがラーメンを出す店だった。「ラーメン道を極めたい」「中華料理を世の中に広めたい」などと夢を語るような時代ではなく、生き延びていくために何をするかが最優先だった当時、ラーメンや中華料理は新規参入しやすくて、成功が見込める商売のひとつだったのではないだろうか。

なし崩し的に町中華になってしまうことも珍しくなかったようで、僕の知る新御徒町の『今むら』は、戦後の闇市でモツ煮込みを売ることから始めたそうだ。肉を仕入れるルートをたまたま持っていたためやってみたところ、作るそばから客が集まり、飛ぶように売れた。

そのうちに「温かくて栄養がある」とラーメンが人気になってきたので、闇で出回っていた小麦粉を仕入れて作ってみたら、これまた大人気となり、昭和二〇年代後半にはラーメンを主

浅草の闇市で丼ものに群がる人びと
1945年12月（毎日新聞社提供）

力とした食堂をオープン。肉のルートも健在だったのでトンカツとの二本柱で常連客を増やし、個性あふれる店へと成長していったという。

初代が吉祥寺の闇市に開いた食堂で働きながら貯金をし、一〇年後に独立した荻窪の『ことぶき食堂』は、店名が示すように、焼き魚などが売りの〝食堂〟としてスタート。ラーメンは出していたが主力とは言えなかった。客の求めるものを提供しているうちに中華の比率が増え、代替わりを機にメニューを一新。僕たちがイメージする庶民的な中華屋に近づいていったそうだ。食堂時代の名残か、いまもアジフライが絶品だ。

どちらも、最初から中華屋を目指したのではなく、必死で働いているうちに町中華になってしまった店である。頼もしくなるたくましさだ。料理人としてのプライドやこだわりはなかったんですか、などと尋ねたら「わかんないかな、プライドで飯が食えるならそうしてますよ」と一蹴されてしまうだろう。

闇市→店舗で開業ではない道もあった。屋台である。

屋台のラーメンが台頭するのは、食糧難のため実施されていた小麦粉の統制が解除される一九五二年以降のこと。麺やスープから器までセットにして屋台を貸す業者が登場してから普及したと言われている。売り上げの一部を払えば簡単に商売が始められたので、引き子（屋台を借りて商売をする人）は素人でも可能。売り上げから業者にマージンを払っても、引き子はそれなりに儲かった。開業資金いらずのシステムなので志願者が多かったのも頷ける。

チャルメラを吹いて町を流す屋台のラーメンも、〝夜鳴きそば〟と呼ばれて定着。僕が子どもの頃は、繁華街に出かけるとよく見かけた。東京で学生時代を過ごした一九八〇年前後でも、主要な駅前には夜になるとひとつやふたつ、ラーメン屋台が出没していたものだ。住んでいた杉並区阿佐ヶ谷にもあり、驚くほど深みのないスープなのに妙に旨く、ときどき食べたものだ。人気の出た屋台からは、やがて独立して店を持つ人もいただろう。

このように、町中華というのは戦後の貧しい時代、食糧難に苦しんだ日本人が生み出した新しいタイプの庶民的な食堂だった。では、なぜ和食ではなく中華だったのだろう。

高カロリーでカラダが温まるラーメンは、闇市での人気メニューだったから、みんなが飛びついたのか。いっちょラーメン屋でも始めるかと思えたのか。先のことを考えたら、日本でやっていくからには和食の食堂がいいと考えそうなものだが。

そう、米がなかったのだ。戦争中から不足していたところに、終戦の年と翌年の大凶作が迫い打ちをかけ、配給量は微々たるものだった。闇市に出回る米は配給価格の三〇倍もの高額で取引されたほどだ。でも、他の穀物ならあるかといえば、それもまったくなく、みんなが空腹と栄養不足にあえいでいた。

その中で、ラーメンの材料である小麦粉だけが豊富に入手できるはずはない。戦前まで、日本は米食中心の国だった。小麦の生産量はもともと多くはなかったのだから、在庫が市場に出回ったとしてもその量は限られていて、それだけでラーメン人気を全国に行き渡らせたとは考えにくい。何か理由があるだろう。

じつは、市場に出回ったのは国産ではなくアメリカの小麦粉だったのだ。

なるほど、それならうなずける。一九四五年から一九五二年まで、日本はGHQ（連合国軍最高司令官総司令部）によって統治され、実質アメリカの支配下に置かれたのだから、小麦粉を入手するとしたらアメリカからとなるのは当然なのだ。パン食を始め、日本人の食生活が戦後急速に欧米化したのも、同じようにアメリカの影響を強く受けてのことだと、僕たちはぼんやり理解している。

終戦後の日本は食糧がないだけではなく金もなかった。政府が「食糧不足をなんとかしなければならない」と考えたときに、穀物をどんどん輸入できていたら国民が飢えるはずがない。四苦八苦しながらも、少しずつ食糧事情が良くなり小麦粉を使った主食が増えていった背景には、政治的な理由があったと考えるべきだ。

ということで、当時を振り返りつつ、町中華の誕生と切っても切れない〝小麦粉の謎〟について整理してみよう。

GHQの統治と「ララ物資」

米政府とGHQの最優先課題は、日本の非軍事化と民主化。まず行ったのは治安維持法や特高（特別高等警察）の廃止、政治犯の釈放など。続いて婦人の解放、労働組合結成の奨励、学校教育などの民主化、そして、財閥解体、農地改革も矢継ぎ早に進められていく。

食糧援助も行ってはいたが、アメリカは当初、日本の国内生産を増加させることが食糧不足の解決策につながると考えていたようで、援助にそれほど積極的ではなかったという。国民は飢えに苦しんでいて、増産を待つ余裕などこれっぽっちもなかったんだがなあ。

むしろ、人道支援的立場から、まずそこに着目したのはアメリカの慈善団体だった。通称「ララ物資」（LARAはLicensed Agencies for Relief in Asia〈アジア救援公認団体〉の略）と呼ばれるもので、一九四六年から一九五二年までの、日本が本当に苦しいときに食料や衣料、医薬品などの援助物資を届けてくれたのだ。この物資を使い、都市部では一九四七年から、その後おなじみとなるコッペパンと脱脂粉乳を使った学校給食が始まるなど、大きな助けとなった。

学校給食のコッペパンを頬張る学童
1950年9月（毎日新聞社提供）

脱脂粉乳を湯で溶いたミルクの味を知っているのは、一九五〇年代生まれまでだろう。いまでこそ学校給食もバラエティ豊かになったが、小学校低学年だった一九六〇年代なかば、福岡市の小学校に通っていた僕は脱脂粉乳で育った最後の世代だ（同世代でも、東京などの都会では脱脂粉乳未体験者が多い）。独特の匂いが子どもたちに不評だったが、残すと先生に叱られる。脱脂粉乳を苦にせず、人の分まで飲める男子はちょっとしたスターだった。

だって、家では牛乳の宅配を毎朝飲んでいたのだ。十数年間のうちに食糧事情が劇的に良くなっていたわけだが、家で給食の不満を口にするとこっぴどく叱られたのは、つらい時代を体験した親にとって〝残す〟行為が贅沢としか思えなかったからだろう。

ララ物資は慈善事業だから見返りは求めない。純粋に、困っている日本人を助けようとしたその精神は素晴らしかったし、受け取った側も心から感謝したと思う。また、その物資が、日本の将来を担う子どもたちのために優先的に使われたのも意義のあることだった。僕たち子どもはそんなことも知らずに、わがままばかり言っていたんだなあ。

ララ物資の使われ方は、アメリカにとっても大きなヒントとなったフシがある。日本が自力で食糧難を解決すべきという考えを持っていたGHQが態度を軟化させ、この事業をサポートするようになるのだ。

学校給食を普及させるのにララ物資だけでは足りない分を、アメリカとして援助しましょう、安く提供しましょう。そんな感じで、一九四六年に三四・六万トンが送られたのを皮切りにその量を増やし、一九五〇年には一六五・六万トンの小麦が日本に入ってきた。あっという間に四倍以上。ララ物資の効果にアメリカが乗っかり、日本が待ってましたとばかりに飛びついた格好だ。

なお、すべてがアメリカ産ではないが、小麦の輸入量は一九八〇年ごろまで増加し、一九六〇年には二六六万トン、一九七〇年四六二万トン、一九八〇年五五六万トン、その後増減はあるものの二〇一四年には六〇二万トンに達している。それに対し、国内生産量は一九六一年の一七八万トンをピークに減り続け、一九七三年にはなんと二〇万トンまで減少。その後持ち直したものの、二〇一四年の数値は八五万トンに過ぎず、輸入に頼り切りとなっている（農林水産省HPより）。

明らかに依存体質。感心できない。ただ、町中華目線で考えた場合、安価な小麦が豊富に入ってきたからこそ繁栄の時代を迎えることができたわけで、すべてが悪いというわけでも……どっちなんだよ！

ここでようやくラーメンの話になる。アメリカから輸入されるようになった小麦は学校給食だけに使われたのではない。市場にも出回り、一部は闇ルートに流れて、闇市で人気のラーメンにも使われるようになったのだ。年々小麦の輸入量が増えていったことでラーメンは比較的安く食べられるようになった。

ＧＨＱもそれを知りつつ目こぼししたようだ。ラーメンのことなど気にしていなかっただけという気もするが、町中華ファンとしては「よくぞ大目に見てくれた。ナイスジャッジ！」と言うしかない。

小麦粉を使った麺の需要が増えれば、製麺所も戦前から主力だったそばとうどんばかりでなく、中華麺の製造に力を入れるようになる。作った麺が売れれば生産量も自ずと増える。このようにして、学校給食で食べられたパンや、闇市で人気を博したラーメンが、ご飯に代わる新興勢力として頭角を現していく。

でも、話はこれで終わりではない。日本に小麦が売れること、しかも押し付けるのではなく、食糧援助の一環としてそれができたことは、アメリカにとっても意味のあることだったからだ。

やっとラーメンの話題になったと思ったのにまた脱線か、とガッカリさせて申し訳ないけど、もう少しつきあってもらいたい。地味だけど大事なポイントなのだ。町中華との関係も、読んでもらえればわかると思う。

アメリカの目論見にはまる

ララ物資を契機に、日本における小麦の需要が急激に伸びた。では、それを見たアメリカは何を考えたのか。

さらに日本の小麦需要を伸ばすにはどうすればいいか。将来にわたって自国に有利な貿易をするための戦略は何か。これである。じつは、アメリカには、小麦が余ってしょうがないという悩みがあったのだ。

機械化の進んだ広大な土地で生産されるアメリカの農産物は、第一次世界大戦、第二次世界大戦で連合国の兵食として大量に消費され、需要を伸ばした。大戦が終わってからも、マーシャル・プランという通称で知られる「ヨーロッパ復興計画」を実施。大規模な食糧援助を行うことで、自国農作物の行き場を確保できた。

しかし、一九五〇年に始まった朝鮮戦争が三年後に終結する頃になると事情が変わる。兵食需要がなくなったことや、ヨーロッパ各国の復興が進んで食糧自給ができるようになってきたことで、思うように輸出ができなくなってきた。アメリカにとって、自国の農業を守るために新たな輸出先を探すことが急務となっていたのだ。

一方、ララ物資やアメリカからの輸入で当座のピンチをなんとかしのぎ、GHQによる統治も終わった日本は高度成長期に差し掛かろうとしていたが、当時、吉田茂内閣の自由党は議席を減らして政情は不安定だった。アメリカにしてみれば、日本のこうした状況は絶好のチャンス。食糧援助の名目で日本に五〇〇〇万ドル分の余剰農作物を輸出し、日本が国内で売りさばいて得られる資金のうち、四〇〇〇万ドル分をアメリカの取り分として、アメリカの軍事計画に必要な日本での物資・サービスの調達に充て、一〇〇〇万ドルを日本の取り分として経済復興に使う協定をまとめてしまった。

これが自衛隊の発足にもつながっていく。余った農作物を単に売りつけるだけではなく、その販売代金を使って軍備を増強させることで、アジアの守りを固めようと目論んだのだ。

日本や食糧不足に悩む発展途上国を有望な輸出先だと考えたアメリカは、余剰農作物輸出作戦をさらに進めるため、ドルではなく輸出先の国の通貨で、しかも代金後払いで購入できるなどの好条件を備えたPL480法案を一九五四年に議会で成立させる。

なかなか気前の良い法案に思えるが、アメリカの狙いは長期間にわたって農作物を輸出できる国を確保し、自国で問題になっている余剰農作物をうまく処理することにあった。すぐに利益を得ることはできなくても、相手国で小麦などの需要が増えれば、いずれ回収できるばかりか、自国の利益につながる。そのため、販売代金の一部を使って、農産物の宣伝や市場開拓をすることができる条件を抜け目なくつけていた。

純粋な支援活動だったララ物資とは次元の異なる国家戦略である。目先の利を追うのではなく、長期的なプランを立てている。とにかく食糧が欲しい国にとっては鼻先にニンジンをぶら下げられたようなものだった。

この呼びかけに応じた国は、イタリア、ユーゴスラビア（当時）、トルコ、パキスタン、日本、韓国、台湾など。他国の事情はよくわからないが、日本はこの時点でアメリカの小麦戦略に完全に乗せられたと言っていいだろう。パンを導入した学校給食という下地がすでにあったため、国民の反発も起こりにくかったと思われる。

パンのおいしさを覚えた子どもは、その後もずっとパンを食べてくれる。パンに味噌汁は合わないから、おかずも和食だけでは済まなくなる。善意で送られたララ物資が、こんな形でアメリカの国策と結びつくのは皮肉なことだけれど、アメリカの目論見どおりに、日本は小麦の輸入大国になっていくのだ。

キッチンカーが町を走る

アメリカが子どものつぎに狙いをつけたのは何か。いよいよラーメンか。残念ながら違う。景気が良くなってきて、町には中華屋も増えていたし、ラーメン人気も高まる一方だったが、外食分野より大きなターゲットがあるではないか。
家庭である。家の台所を担う女性たちである。洋風のおかずが流行ればパン食が増え、小麦の消費量がアップするのだ。では、どうやってそれを成し遂げる？

ここで登場するのが、アメリカの弁護士で市場アナリストのリチャード・バウム。一九四八年に来日して、日本が有望な小麦輸出国であることを調査したことのある人物だった。そのバウムが市場調査のため来日したのは一九五四年。そして、このとき目にしたのが、料理講習を行うために大型バスを改造して作られた一台のキッチンカーだった。

キッチンカーの目的は国民の栄養改善で、講習を受けるのは家庭の主婦だったが、資金難のためプロジェクトは暗礁に乗り上げていた。説明を受けたバウムが興味を示したので、厚生省（現・厚生労働省）の役人が、アメリカが資金援助してくれるなら、小麦の消費拡大のため、キッチンカーを使って協力すると持ちかけたところ、これが実現してしまうのである。テレビさえ普及していなかった時代に、一般家庭の献立を変えるには、料理の実演がもっとも効果的であると判断したのだろう。
日米が共同で取り組んだ栄養改善運動の大キャンペーンが始まったのは一九五六年。キッチ

主婦たちに大人気だったキッチンカー。うまく調理の様子が
見えるように改造されていた。1954年、東京都台東区(毎日新聞社提供)

ンカーの製作から小麦粉製品PR映画制作費、料理講習会の補助、専任職員の雇用費まで、活動資金はアメリカが用意した。条件は、食材にアメリカ産の小麦と大豆を使うことだったそうだ。

たかが料理講習会というなかれ。キッチンカーの数は一二台。これが五年間のうちに全国各地の二万会場を走り回ったというから、一台の年間稼働数は三三三回にもなる。まさにフル稼働である。

地味な活動に思えるけれど、動員力は馬鹿にならない。一会場に一〇〇人集めたら、講習会参加者だけで二〇〇万人にもなるのである。習った料理は講習後の試食会で食べることができ、レシピを教わって家で作り、家族で食べれば、味の体験者はすぐに何倍にもなる。

バウムは、目新しい料理を知ることが強力なエンタテインメントになることを、よくわかっていたのだと思う。カレーピラフやシチューなどの洋食から中華料理までメニューは幅広く、庶民にとっては珍しいものが多かった。ケチャップやマヨネーズ、ドレッシング、香辛料、化学調味料など、伝統的な食事ではなじみがなかった調味料もふんだんに使われた。それらを知り、味わうことは、当時の日本人女性にとって新しくてカッコ良いことだったのだ。

当然、主婦同士の情報交換も盛んに行われたに違いない。農村地域にキッチンカーがさっそうと現れたら、地域のニュースとしても広まる。日本の食品メーカーにとってもキッチンカーは絶好の宣伝になったはずで、新製品の開発にも力が入ったと思われる。

バウムのひらめき（?）に端を発したキッチンカー作戦は、こうしてまんまと成功を収めていく。台所に立つ女性にしてみたら、〝素敵レシピ〟をいろいろ試しているうちに洋食に目覚めてしまった感じではなかっただろうか。

このように、一見遠回しな方法で、アメリカは日本人の食生活をコントロールしていった。書いていて、小憎らしいほど巧妙な作戦にため息が出そうになる。胃袋をがっちりつかまれたら抵抗するすべはないのだ。

ラーメンが小麦消費の成長株に

中華店が町に増えていった背景を考えていたら筆が止まらなくなってしまい、アメリカの小麦戦略について長々と記すことになってしまった。ラーメンが闇市の人気メニューになり、やがて庶民的な中華屋の誕生へと発展していくことになったのはなぜなのか、食糧難だったのに、原料の小麦はどこから手に入れていたのか。そこにはアメリカの対日戦略が深く関わっていたわけだ。

アメリカが力を入れていたのは給食でのパンの普及や、家庭に洋食を取り入れさせて、日本の伝統食では影の薄かった小麦粉の人気を高め、日本への輸出量を増やすことだった。ラーメンだろうがうどんだろうが、小麦が消費されればいい。製麺所よ、がんばって営業してくれ。そんな感じか。

ラーメンがその期待に見事に応える。もともと人気があり、ポテンシャルが高い。原料さえ確保できればこっちのものなのである。安く提供できるなら鬼に金棒。ラーメンと焼き餃子を軸とした店に勝算が出てきた。

本来なら王道だったはずの米は相変わらず入手が難しい。ならば中華で。勝負をかけたかった人が、このときとばかり全国各地で鬨《とき》の声を上げた。こうして一九五〇年代なかば頃、最初の出店ラッシュが起きたのである。

僕は、町中華というのは「こういうスタイルの店をやろう」とコンセプトが先にあったのではなく、ラーメンという主役を手にした各店の主人が、どうすれば店が流行るか模索していくうちに、なんとなくできあがってきたものだろうと思っている。闇市から商売を始めたところはもちろんのこと、戦前から営業していた中華料理屋も、戦争で焼け出されたりして、一から出直すはめになった。

そんな状況で、唯一と言っていい共通項がラーメンだ。この人気メニューを外すわけにはいかない。そこからスタートし、ある店では餃子をプッシュし、ある店では炒飯で評判をとるようになっていく。麺類がラーメンだけでは寂しいから、もやしそばもやってみようか、タンメンもいいのでは、とバラエティが出てくる。そのうち豚肉が入手できるようになったらちょっと豪華な麺類としてのチャーシュー麺が加わったりもする。

戦前からあったメニューが復活するパターンだけじゃなく、腹ペコ野郎のために量を増やしてみたり、中華の定食を始めるところも出てきただろう。売れるとなれば和食のなかでメニューに入れても違和感のなさそうな丼ものも採用したし、洋食からすかさずカレーライスやオムライスを仲間に引き入れてしまうのも当たり前のことだった。なんだったら甘味を扱ってもいい。

ラーメンは絶対にメニューにあるから、ジャンル名はざっくり「ラーメン屋」ってことになっていて、でも「そば屋」と呼ばれたり、客のほうも適当だったりする。店のほうも、どう呼ばれようが気にしない。SNSなどで「町中華なんて呼び方は気に入らない。ラーメン屋でいいんだよ」と書き込む人がいるが、たぶん僕より年配の方だろう。ラーメン屋という呼称に思い込みがあるのは、ラーメン専門店が駅前にひしめく以前、町中華に通いつめていたからだと思う。

味については、とくに初期はラーメンのスープひとつとっても店ごとにバラバラだっただろう。戦前からの職人や本場の料理人が腕を振るうところはさておき、素人同然で始めたようなところは、自己流スープでやるしかない。大胆だ。そして濃厚というよりギトギトだ。

それでも良かった。腹をすかせた男たちが求めるのは、有無を言わせぬ強さで満腹感を与えてくれるエネルギー源なのだ。〝昔ながらの中華そば〟なんて言うけれど、それはまだ先の話。洗練されたスープなど誰も欲しがっちゃいない。我々の味覚では油っこく感じられるものが、その頃の主流だったのではないだろうか。

町中華には不思議な食べ物もある。炒飯に味噌汁がつく？　そんなのは日常茶飯だ。豚汁がつく店もあるのだ。しかも旨くて、僕など豚汁目当てでそこに行く。全然オッケー、違和感なし。

チキンライスと銘打っているのに、使われているのがポークで、常連客以外が注文すると「ポークですけどいいですか」と確認する店まである。どう考えてもポークライスなのだが、名称を変える気も、肉を変える気もない。何十年もチキンなのにポーク。店主が「これはウチのチキンライス」と思っているからこれでいいのだ。手がつけられない。

二一世紀になってもこの調子である。一九五〇年前後には、僕などには想像できない、もっとヘンテコなメニューのある店も点在していたのではないだろうか。思いつくこと、客が望みそうなことは果敢に試したと思う。パン食をやっていた店があっても不思議じゃない。おそらくサンドイッチを出す町中華は存在した。賭けてもいい。

でも、そういうメニューは客に敬遠されて、だんだん淘汰される。逆に、流行ったメニューや味付け、店舗デザインは真似され、町中華の業態がなんとなくまとまっていく……。

おそらく、高度成長期の始まりと歩調を合わせるように進行していったのだろう。そして、それはアメリカが本格的な小麦戦略を進め、日本にガンガン小麦が輸入されだしたタイミングとも重なっていたのである。

5

町中華の味を決定づけた“化調”の流行

町中華の後でコーヒーが飲みたくなる理由

僕が隊長を務める町中華探検隊は、平日の昼間から有志が集まって、その地域の町中華を探訪し、ブログなどに記録を残す活動をしている。集合場所が新宿区四谷なら「四谷アタック」などと称し、朝食を抜いたりして準備を整え駆けつけるのだ。隊員が忙しいときはソロ活動に専念するが、誰かと一緒のほうが多くのメニューを食べられる分、探検気分が深まる。

活動と書くと本格的な調査のように思われそうだが、隊員それぞれが気になる店で食事をするだけで、これといったルールはない。でも、結成当初から続いている習慣がひとつだけある。食べた後で喫茶店に集合し、〝油流し〟をするのである。

なぜ喫茶店なのか。少し長くなるが説明させ

てほしい。
〝強い味〟といえばいいだろうか、町中華の料理は味が濃くてしょっぱいのが相場だ。客は安くて腹一杯になれるパワフルな食事を求めている。塩分など気にしていたら、あのガツンとくる食べごたえは維持できない。
「食に強さが求められる時代じゃないのだから、塩分控えめの優しい味付けに変えたらいいのに。いつまでも昔のままだから町中華は衰退したのだ」
そのように考える人がいるとしたら、その人は町中華になじみの薄い人だと思う。一貫して学生や独身サラリーマン、汗水流して働く労働者をメインの客層としてきた町中華では、

料理の仕上げにサッと加えられる化調。町中華らしさが一気に増す"魔法の粉"だが、入れすぎると……

彼らを満足させる強い味が必要とされてきた。最近でこそメディアで取り上げられる機会が増え、女性の間でも町中華という言葉が使われるようになってきたけれど、店へ行けば、そこで食べているのは圧倒的に男たちなのだ。客層が被ると思われる牛丼チェーンの味は優しくなったか。低価格カレーチェーンの味はマイルド路線を選んだか。そんなことはないだろう。

　男たちを納得させるのは、やけにパンチの効いた味。これは時代を超えた真実だと僕は思っている。願望ではない。食べ歩いてわかったことだが、年々数を減らしている理由は店主の高齢化などで、町中華そのものは安定した人気があるのだ。

　ニーズを無視して優しい味に変えたら、コアな客が離れ、それこそ一気に衰退へと向かうに違いない。それをわかっている店主は、常連客でも気づかないほどの微調整で塩分を減らしたりしている。昔ながらの味というのは、昔と同じ味という意味ではないのだ。

　強い料理が運ばれてくると、待ってましたと腹ペコ男は喜び、食べる速度が速くなる。食の細い僕も、町中華へ行くとスピードアップ。調査のためという大義名分もあって、ラーメン専門店なら残すであろうスープを飲み干したりもする。

　完全に油と塩分の過剰摂取状態だ。当然水はおかわりするが、店を出た途端、口の中ベトベト、喉カラカラな自分に気づく。食べている間はおいしかったから胃袋は満足している。それなのに、口の中だけがやりすぎ感を訴えてくるのだ。

探検のたびにこんな状態になったのでは活動に支障をきたすのではないか。何か手を打たねば。それが〝油流し〟の始まりだった。僕の場合、飲み物はブラックコーヒーが効果的なようで、甘いドリンクだと油は流せてもしょっぱさが……それはどうでもいい。カンジンなことは〝油流し〟が新たな発見をもたらした点。町中華を食べた後には、ベタベタ、しょっぱさに続く、第三の違和感が存在するのである。

舌のビリビリだ。

しかもこれ、店ごとに強度が違う。かすかにピリピリするライト級はそれほど気にならず、コーヒーを飲まなくても大丈夫だ。やや強めのピリピリもコーヒー一杯で消し去ることができる。が、時間の経過とともにピリピリからビリビリへとエスカレートするヘビー級なら、コーヒーのおかわりが必要。難敵の場合は舌のシビレがとれるまで二時間程度を要することもある。そうかと思えば、まったくビリビリしない店もあるが、その店が油と塩分控えめというわけでもない。

違和感の正体は察しがついた。昭和のなかばに生まれた僕は、これまで何度も同じ経験をしていたからだ。ピリピリかビリビリかは、化学調味料（以下、化調と表記）の量に比例しているのだろう。

化調が使われていることは、町中華なんだから当たり前だろうと思った。舌のシビレについても、原因は化調ではなく、過剰に使いすぎる店側にある。同じ店でも、行く日によって使用量がまちまちで、ピリピリ度合いが違ったりするのだ。

でも、勢い余って（?）化調を過剰に使ってしまう大雑把さに愛嬌があるというか、町中華らしいユルさを感じてしまうのだ。化調キツめかどうかが店の傾向を知るバロメーター。探検隊メンバーにもこの化調バロメーターはグングン人気が出てきたもんなあ。

「分量間違えたのかな、舌がめっちゃシビレてますよ！」

失敗自慢というか、化調キツめの店に当たると嬉しそうなのだ。化調を使わない店に当たると、口の中が快適すぎて物足りないと、褒めているのかけなしているのかわからない感想を述べたりする。秀才なわけでもスポーツができるわけでもないのに、なぜか周囲に愛され、おとなしくしていると心配されるクラスの人気者がいるでしょう。化調にはそんなところがある。

でも、そのうち疑問が湧いてきた。

［疑問一］
他のジャンルと比較して、町中華はあまりにも露骨に化調を使ってはいないだろうか。
［疑問二］
いつ、どのタイミングで化調を投入するのだろうか。

[疑問三]
化調とはそもそも何なのか。

子どもの頃から化調たっぷりなインスタントラーメンやカップ麺の世話になってきたのに、食べるばかりでまったく考えてこなかったことが一目瞭然な、素朴な疑問ばかりだ。これまではそれで良かった。でも、町中華について調べるなら、化調の存在は無視できない。よく知らないでは通らない、必須アイテムと言ってもいいのではないか。

町中華ライブハウス説

歴史や成分については後述するとして、まず考えたいのは化調が果たしてきた役割だ。
町中華は昭和二〇年代後半から三〇年代前半に店舗を増やし、ひとつのジャンルとしてまとまっていった外食の新興勢力だった。広々とした店で営業できたところは少なかったと思われるが、麺類も飯類も作るとなると厨房はそれなりのスペースを要する。店舗面積の半分を厨房が占めていそうなところもあるほどだ。そこで、注文を受けてすぐ作り始められ、少ないスタッフでも店を回しやすいことから、客席と厨房に境目のない、オープンキッチンの店舗設計が増えていったと考えられる。

厨房に並ぶ
化調や塩、ゴマ油などの調味料たち

原点は小さな店がひしめき合う市場内の店舗だろうか。作る場所とカウンター席があればそれで店が成立し、できたてを提供できる。カウンター席のない店もときどきあるが、僕にしたら物足りない。テーブル席や小上がりがなくてもいいから、カウンター席はあってほしい。

それなりに食べ歩いてきた結果、最近は味の善し悪しにこだわらなくなってきた。おいしいに越したことはないけれど、味は個人の好み。評価の中心に置くのはそこじゃないだろうと。それよりも、自分はおいしいと思わないのに、客足が絶えない店のほうに興味がある。

僕が味より重視したいのは、注文した料理が手元に届くまでのプロセスである。町中華は店主や女将さんが作り出す〝場〟に惹きつけられて客が集まる〝ライブハウス〟だと思うのだ。ステージはもちろん厨房。かぶりつきの最前列がカウンター席である。

果たして店主はどんなパフォーマンスを見せてくれるのか。野菜を刻むリズムは淀みがないか。鍋振りの勢いは十分パワフルか。どのタイミングでとろみづけがなされ、皿や丼のスタンバイに入るのか。盛り付けの手際は鮮やかか。リズムに乗って調理をしているか。完成までに要する時間は何分か。アツアツの湯気モウモウで手元に運ばれてくるのか。最初から最後まで見どころは尽きない。

注文と同時にステージは始まる。麺を茹でている、野菜を切っている、肉を炒めている。お、盛り付けに入ったぞ。あれは自分の注文した餃子だろうか。違った、先客のだ。次かな。おいおい、茹で時間長すぎないか。麺が伸びちゃうぞ。ダメだろ、厨房で一服してちゃ……。店主の一挙一動が丸わかりなのがとにかくいい。

あまりジロジロ見るのは失礼ではないかと思う人には、ぜひ一度、カウンターに座って観察することをおすすめする。多くの店で、見られることを前提に厨房が設計されているのがわかるはずだ。店主は何十年もそこに立ち、客の視線を浴びてきたツワモノたち。我々ごときの視線にたじろぐわけがない。いつもの調子で、調味料を入れるときも計量などすることなく、無造作に味を整えにかかる。頭で考えるより早くカラダが反応する熟達の技だ。

自信にあふれた顔を見ることができたら、厨房全体も観察してみよう。きっとその店の厨房には清潔感が漂っている。ピカピカでなくても、ていねいに使われている厨房は見ればわかるものだ。

ときには、塩からいとか味が薄いなんてこともあるだろうが、それは錯覚。店主のせいではなく、こちらの体調にモンダイがあると考えたい。

当たりハズレのあるスリルもまた、町中華の楽しさ。舌がビリビリしても慌てないことだ。油流しの儀式をすればいい。

ブームの陰に〝化調〟あり

うま味調理料である化調を使うのは、ていねいに出汁をとっている店からすれば、言葉は悪いが手抜き。客に見られてカッコいいものではない。でも丸見えだから隠せないし、味にコクが出るから使いたい。

では、カッコつけても始まらないから、見えるのを承知で手元に置き、料理にパッと投入するようになったのか。僕は違うと思う。〈［疑問一］他のジャンルと比較して、町中華はあまりにも露骨に化調を使ってはいないだろうか〉の答えは、化調を使うことが客に許され、見られてもいい、いや積極的に見せつけるくらいの勢いで使われた時期があったせいだと憶測している。

昭和中期生まれの方は、昭和三〇年代～四〇年代の食卓風景を思い出してほしい。テーブルの調味料入れには、醤油や食卓塩と並んで、化調の代名詞だった「味の素」が置かれていなかっただろうか。きゅうりの浅漬けの上に、白い粉がふりかけられていなかっただろうか。

僕の家ではそうだった。僕や妹はそれがどういう意図で使われているかなど考えもせず、親の真似をして適宜ふりかけていたものだ。

そのまま舐めると変な味がするのに、料理に溶け込むとそれが消える。どうしてそうなるのかがわからない、不思議な粉。あの頃、味の素は我が家の日常だった。

化調を使えば、自宅でも旨みたっぷりな料理が作れる。前節で触れたキッチンカーが走った頃から、主婦たちは和食一辺倒だった食卓に洋食や中華を取り入れていった。そこで大評判をとった味の素は、自然な形で家庭に浸透し、その味を覚えるのに時間はかからなかった。

庶民的な中華食堂である町中華は、我が家の台所の延長みたいな場所。求められるのは特別な味ではなく、舌になじんだ味だ。その当時、化調を使う店主に「手を抜くな」と文句をつける客などいなかったのではないかと僕は思う。料理がおいしく仕上がる。油ギトギト、塩分たっぷりな料理にコクを与え、さらにパワーアップさせる。化調は最先端の調味料だったから、むしろ好意的に投入パフォーマンスを見ていたのではないかと想像するのだ。

化調には、町中華の発展をうながした重要な側面もある。便利な調味料の出現で、さほど料理の経験がなくても、それなりの味を提供できるようになった。それが町中華の将来に与えた影響は計り知れないほど大きい。

昭和二〇年代後半にジャンル形成した町中華は、一九六四年（昭和三九年）に開催された東京オリンピック前後にはさらに数を増やす。既存の店で一〇年ほど修業した人たちが独立したケースが多いとみられるが、町中華は儲かると考えて新規参入した人もそれなりにいただろう。それでもなんとかなった理由のひとつが、味の決め手として使える化調の存在だったのだ。

ブームに乗って参入した全国各地の町中華が、こぞって化調を使う。化調好きな客もそれを受け入れる。増えたといっても、まだ飽和状態には至らず、共存共栄が可能だった時代の話だ。個性的な店主はあまたいただろうが、個性的な味がいまほど求められていたわけじゃないし、そこまでの腕もない。

するとどうなるか。味が似てくるだろう。化調で味を整えた料理が町中華のスタンダードになっていくのだ。

化調が好評を得たのは、味の面はもちろんのこと、家庭にも浸透した調味料がもたらす安心感も関係があるだろう。客は家庭の味を求めて外食には出かけない。家ではできない味に金を払う。しかし、あまりにも尖った味だと好みの差が激しくなり、商売としてうまくない。実力の劣る店と見なされたら二度と来てはもらえない。

客を満足させたい店と、払う金額に見合う味を求める客。両者の橋渡し役となったのが化調の隠れた功績だと僕は思っている。家ではできない味と矛盾する？　そんなことはない。町中華には家で料理するのと比較して大きなアドバンテージがある。

それは、家庭用コンロでは不可能な強い火力。短時間で火を通し、アツアツの料理が提供できる強力な武器だ。野菜炒めひとつとっても、別の料理のごとく仕上がり、「さすがはプロ。家では無理だ」と思ってもらえる。味付け面で化調によって安心感込みのおいしさを作り出し、火力で外食パワーを見せつければ、たいていの客は納得する。

全国チェーンなどなく、せいぜい小規模なのれん分けグループがレシピを共有していた当時、情報の伝達スピードが遅かったにもかかわらず、町中華ってだいたいこんな味だよね、というイメージの共有が進んだのは、化調があったからこそと言えるのではないだろうか。

化調投入に見る厨房の様式美

〈［疑問二］いつ、どのタイミングで化調を投入するのだろうか〉に話を移そう。昔もいまもさほど変わらないと思うので、僕の観察に基づいて手順を記すと、入れるタイミングは完成間近と決まっている。

炒飯ならば飯と具材を炒めた後、塩や醬油ダレで味付けするとき一緒に中華鍋に投入。アルミの器かプラスチックの箱に入っていて、専用スプーンを使うことが多い。順序はだいたい塩・コショウが先で、化調は最後に入れているように見える。前者が味をつけるためなのに対し、後者は味を調《ととの》えるためだからだと思われる。慎重に分量を確認してから入れる人、スピード重視でサッと放り込む人に分かれるのは性格の違いなのだろう。

僕が好きなのは、一気呵成《かせい》に味を固めにかかる後者のタイプ。こういう店主は調理全般に手際が良くて、野菜の刻み方から鍋の振り方、麺が茹で上がる前の準備まで、自分のやり方にこだわりを持っている。しかも、長年にわたって客の視線を浴びてきたためか、鍋を振る後ろ姿まで絵になる。

いずれにしても、町中華の調理スピードは速い。そのほうがおいしいからでもあるが、ノロノロしていたのでは注文の重なる時間帯に客を待たせてしまう。ランチタイムの客は時間がないから、手際が重要なのだ。町中華の店主には同業者の店を食べ歩く人は少なそうなのに、同じようなメニューを、同じようなレイアウトの厨房で作っているからなのか、身のこなしがどことなく似通っていると、いつも感じてしまう。

戦後に花開いた町中華が、必然性はどこにもないにもかかわらず、結果的に育んでしまった様式美。鮮やかで無駄のない店主の動きは、店の歴史が集約されたものだ。一連の動作はセットになっており、流れるように行われるため、ぼんやり眺めているだけでは何が起きたかわからなくなってしまう。リズムをとるように鍋を叩いてみたり、作業と作業の合間にふきんでその辺をサッと拭いてみたり、一時もじっとしていないのだ。

僕が見たなかでの最速記録は、千代田区神田神保町にある『伊峡《いきょう》』。瞬時に二度、プラケースから小さじで調味料を掻き出すのだが、その瞬間を見る目的で目の前に陣取っているのに手の動きを追い切れなかった。日々の鍛錬が職人芸に磨きをかけたのだ。あれには震えたなあ……。

味の素の工場見学に行ってきた

夏のある日、住んでいる松本市から味の素の工場がある川崎市へ遠征してみた。川崎市にある、京急川崎駅と小島新田駅を結ぶ京急大師《だいし》線に「鈴木町」という駅がある。町と名がついているけど、鈴木町は人口〇《ゼロ》人。ほぼ全域が、味の素グループの工場と多摩川の河川敷なので、誰も住んでいないのだ。

ここへ来たのは、〈［疑問三］化調とはそもそも何なのか〉の答えを知るためである。いや、少し違うか。味の素株式会社のウェブサイトを見れば、会社の歴史を始めとする資料の数々がアップされ、味の素の誕生秘話から成分のことまで、詳しくていねいな説明を読むことができる。でも、相手は町中華の発展に多大な貢献をしてきた化調。少しでもリアリティのある接近法はないかと考え、工場見学を申し込んだのだった。

勇んでやってきたものの、僕以外は小中学生とつきそいの母親しかいなくて少々恥ずかしい。変な親父が来たと警戒されているだろう。まあいい。僕は知りたいことがあってここに来たのだ。著しく浮いた存在になってしまったが、真剣さと熱意では負けない自信がある。

この工場は一九一四年（大正三年）に操業開始。現在は「味の素」「ほんだし」「Cook Do」を製造しているという。約一〇万坪、東京ドーム八個分と広大なため、専用のバスで工場の敷地内を見学して回った。さすが大企業、スケールが大きい。工場の建物がチャラチャラしてないのも製造業らしくていい……。まるで小学生並みの感想だが、味の素が作られる場所にいることで、工場と町中華の厨房とがつながっている実感が湧いてくるのが嬉しい。僕はこういう気持ちを味わいたかったのだ。

わざわざ見学者用につくられたシアターや、製造工程のジオラマも見事だったが、なかでも発売当初からのボトルや缶などの実物が展示されているコーナーには興奮を隠せなかった。まさに宝の山。貴重な写真や、歴代の商品を目の当たりにして胸が躍らない町中華ファンはいないと思う。

ここはじっくり見るべきポイントだと、説明文まで熟読していたら、案内係の人にやんわり先を促されてしまった。子どもたちは歴史の勉強より、見学の目玉である〝味の素の封入体験〟を早くしたいようだ。気持ちはわかるが、せめて味の素販売開始六日後の一九〇九年五月二六日付の「東京朝日新聞」に掲載された、味の素史上初の新聞広告を読み終えるまで待ってくれ。

僕は広告文を一読してショックを受けたのだ。大きな文字で記されたキャッチコピーが、

〈理想的調味料〉と〈食料界の大革新〉なのである。しかも中央に配されているのは、昭和四〇年代まで味の素のトレードマークとなる〝エプロンをつけた主婦〟のイラスト。さらに目を凝らすと、〈経済と軽便とを欲せざる主婦には味の素の必要なし〉と、挑発的なコピーまで。グイグイきてるなあ。広告なのだから強気なのは当然だとしても、とんでもなく画期的な商品を発明したぞ、という自信がみなぎっている。

味の素が昔からあることを知識として知ってはいたが、僕のイメージはもっと地味なものだった。一流レストランのシェフ向けに売り出されたとか、要するにプロ向けの商品だったのではないかと想像していた。でもそうではなく、手間のかかる出汁とりを容易にする便利な調味料として、当初から一般家庭向けに売り出されていたのだ。

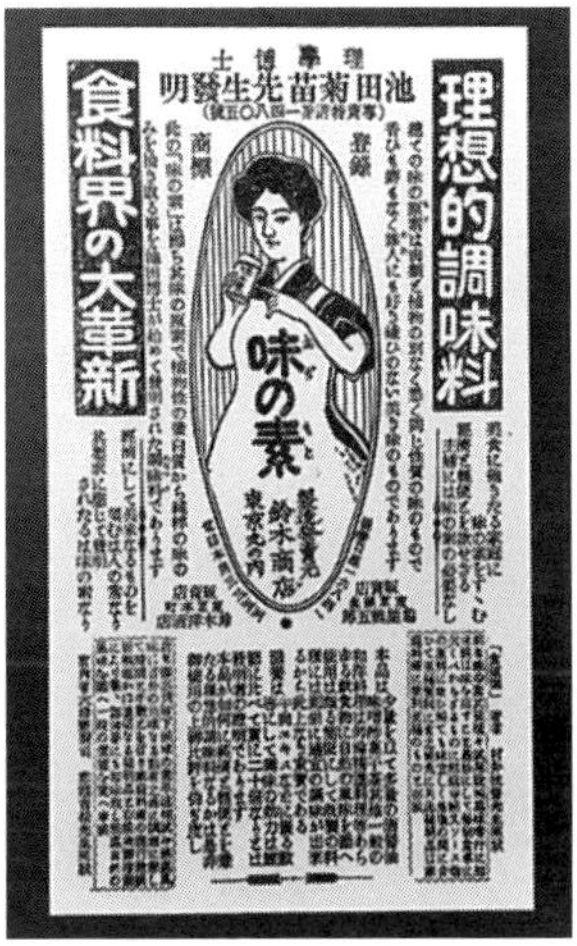

1909年5月、
「東京朝日新聞」に出された最初の広告

とはいえ、味の素は一九五五年（昭和三〇年）前後になってようやくメジャー化した印象がある。〈食料界の大革新〉を目論んだものの、そうは問屋が卸さなかったのか？

普及の決め手は、片手で使える瓶だった

味の素誕生のきっかけは東京帝国大学理科大学教授だった池田菊苗《きくなえ》博士が、昆布のうま味はグルタミン酸によるものだと発見したことだった。池田博士はグルタミン酸を調味料として工業化できないかと考え、小麦粉を原料としてグルタミン酸ナトリウムを製造することに成功、特許を取得した。そして、海藻から取り出したヨードで事業を興した創業者の二代目、鈴木三郎助に事業化を依頼する。鈴木氏が特許の共同所有者となり、味の素の生産が開始された。

特許を共有したのが一九〇八年（明治四一年）だから、すぐさま準備して、翌年の春に新聞広告を打ったことになる。ところが、気合とは裏腹に、スタート時はさっぱり売れなかったという。いくら便利な商品でも、出汁をとるのが当たり前とされる日本料理の伝統を突き崩すのは、そうカンタンなことじゃなかったようだ。

ここであきらめたり、社がつぶれなかったことが、町中華にとってはラッキーだった。味の素、この商品に賭けるしかないと踏ん張るのである。

地道なマーケティングをし、値段を下げ、めげずに広告を打ってコツコツ売り上げる。醤油製造会社に、加味料として味の素を売り込んだり、味の素を作る際に副生される小麦でん粉を紡績会社に販売するなど、さまざまな営業努力も行った。また、早い時期から欧米やアジア各国で特許を取ったことも後の成功の一因。戦前は台湾、朝鮮、満洲、中国と販路を広げ、出だ

しでは苦戦したアメリカでも一九三〇年代にはキャンベル（スープ）やハインツ（缶詰）が味の素を添加物として使うまでになった。日本国内ではいまひとつ実績が伸びないけれど、国外で実力をたくわえていたわけだ。

戦後数年たって、長年の努力が実を結び始める。戦中、戦後と限定販売しかできなかったグルタミン酸ナトリウムの販売統制が一九五〇年に撤廃されるのである。これでやっと、戦前のような自由な価格設定や宣伝活動ができることになった。

缶入りの味の素と、
30グラム入り食卓瓶

生産体制を整え、サイズやパッケージの種類を増やす。戦前からの販売網に加え、あらたな特約店と契約する。営業部を新設する。関係官庁に陳情して、それまで五〇パーセントもかけられていた物品税を一〇パーセントに下げることにも成功。国内需要を引き出すための準備が着々と整えられていく。

味の素の公式サイトに掲載された『味の素グループの一〇〇年史』によれば、新製品のなかで大きな意味を持ったのが、三〇グラム入りの食卓瓶だったという。

〈耳かき大のスプーン使用から、ふりかけ式となり、中身が無くなったら缶や袋から瓶に詰められるようになっていた。このため、調理場でも食卓でも簡単に片手で使用できるようになり、「味の素」の使用範囲を拡大し、使用習慣を一変させる働きをした〉（『味の素グループの一〇〇年史』第五章　第三節　国内販売と広告の再開　より）

これこそが、我が家の食卓にあった味の素だろう。初期の味がどうだったか知らないが、資料から察するに、味の素はデビュー時から完成度の高い商品だったと思われる。現在ではさとうきびの糖蜜を搾り、それを発酵させて作られるが、うま味成分がグルタミン酸ナトリウムである基本コンセプトは変わらない。ちなみに、「うま味調味料」という表現も、味の素は古くから使ってきた。昭和の時代には化学調味料という言い方が一般的だったが、時代の流れのなかで〝うま味〟をよりプッシュするようになり、それが受け入れられて定着したと考えられる。

変わったのは戦後の混乱を乗り越えて成長しようとする世の中のほうだ。簡便さがより求められるようになり、環境が整ったところに便利な瓶詰めが登場したために、大歓迎されたのである。昔からある商品なのに、パッケージに新機能をつけたら、〈理想的調味料〉としてみんなが飛びついたのだ。

チャンス到来と見た味の素は一九五一年に広告部を独立させた。新聞、雑誌、野外広告、ラジオ広告……。積極的な広告宣伝活動も、今度は的を外さない。洋食や中華料理を家庭で作るのが流行って需要も伸び、売上高は一九五〇年から一九五五年の間に七倍に達した。

〝化調〟がないと町中華じゃない!?

工場見学も終盤。子どもたちに交じり、味の素を六グラム入りのミニボトルに詰める作業を体験した。町中華のカウンター席から見ていると塩と区別しづらいけれど、間近で見ると少し粒が粗いかもしれない。詰めたてを手に取って舐めてみた。単独ではヘンな味としか思えない。調味料として使うと絶大な効果を発揮するのが不思議である。

しかし、これがあったからこそ町中華は人気が出たのだ。ていねいに出汁をとる店はもちろんいいのだけれど、技術を身につけるのに時間がかかり、脱サラしてすぐに店を開いたりはしにくい。客の側から考えても、化調が生み出すガツンとした味は、汗をかいて働く労働者や営業マン、食べ盛りの学生にとって文句なく旨かった。

そういえば先日、ある店で化調の話をしていたら、「高いから、そんなには使えないんだよ」と、意外なことを言われた。化調は便利さと強い味をもたらすが、けっして安価ではないのだ。それでも、たいていの町中華で使われているのはなぜなのか。

使った店が売り上げを伸ばしたからとしか考えられない。元がとれたから、こぞって使うようになった。多くの店が使うことで、客は町中華の標準的な味を化調入りのガッツリ系と認識する。全国的にそうなるまでには何年かかかるだろう。仮に一〇年だとすると、前回の東京オリンピックに向けて日本が活気づいている一九六〇年前後という計算だ。化調の流行以前に「オレの味」を作り上げた店は、さほど多くなかったはずである。あったとしても、流行を取り入れて少し化調を使う店主もいたと思われる。そういう店で修業し、独立した人も世の中の流れに呼応して、化調を使う。そのようにして化調派が主流になっていったのではないだろうか。自前の出汁をとらず、化調だけでやっていけるほど町中華の客は甘くない。出汁は当然作り、化調でもうひと押しして完成させるスタイルだ。

以前、取材した老舗の町中華でおもしろい話を聞いたことがある。化調の話題に触れると(つい尋ねてしまう)、こんなことを言うのだ。

「私から見て決定的だったのは、ハイ・ミーなんですよ。衝撃を受けましたね。コクがあるし、中華に合う。これはもう、みんな使うなと思ったし、そうなった。中華屋さんでは味の素よりハイ・ミー使ってるところが多いんじゃないかな」

コクの正体は、グルタミン酸ナトリウムにコーティングしたイノシン酸ナトリウムである。ハイ・ミー(現在の商品名は「ハイミー」)の発売は東京オリンピックまであと二年と迫った一九六二年。味の素に加え、さらにコク重視の新製品の登場で、町中華における化調はますます市民権を得ていった。

そこから半世紀以上が過ぎたいまでも、町中華の根本を揺るがすような、人気と便利さを兼ね備えた調味料は出現していない。町中華が進化をやめたせいなのか。違うだろう。化調という強力な助っ人を得て、町中華の味というものが、なんとなく客に行き渡り、定着したのだ。客がじゃんじゃんくるのに味を変えようとする店主はいない。世代交代も怖くなかった。若い客であればあるほど、家庭料理やインスタント食品で化調になじんでいるからだ。

かくして化調は町中華らしさの象徴として、なくてはならない存在となった。ときには舌ビリビリのつらさを味わうこともあるけれど、油流しで立ち直れる程度のことなら、それも町中華の楽しみだと笑って済ませよう。

ミニボトルを作り終えた見学者に、味の素を使ったスープが配られた。子どもたちが「おいしい」と言っているのが聞こえた。おかわりを求める少年までいる。

ぜひ、その味を覚えておいてくれ。もう少し大きくなって、町中華で食事をする機会に恵まれたとき、なんともいえない懐かしさを感じるキミこそが、町中華の未来を支えていく人になるのだから。

＊現在では「うま味調味料」が一般的だが、ここでは昭和の呼称で、町中華探検隊でもそう呼んでいる「化学調味料」と記した。
＊味の素関連の掲載写真は著者が工場で撮影したものです。

第二章 町中華の黄金期

ワリバシは踊り、
鍋は炎に包まれた

1

出前のバイクが町を走る

出前は町中華の花形だった

町中華を語る上で出前のことは欠かせない。僕も二〇代のなかばから後半にかけて、忙しくて外に食べにいく時間も惜しいとき、よく世話になったからだ。気軽に頼めるのは町中華かそば屋くらいのものだったと記憶する。

でも、ふと思う。出前って、すでに死語に近い〝昭和語〟なのではないだろうか。電話一本で家に料理が届けられる便利なシステム、いまは宅配やデリバリーという呼び方のほうが一般的になっている。

そんな呼び名を定着させたのは、おそらく宅配ピザだ。その元祖はアメリカ企業のドミノ・ピザ。一九八五年にドミノ・ピザ ジャ

自転車に乗った
そば屋の出前持ち。
そばつゆや丼も大量に
積まれている。1935年
（毎日新聞社提供）

パンが創業し、新しい出前文化を持ち込んだ。中華やそばの出前は便利さが受けていたが、ピザはそれにオシャレ感を加えたのである。専用のバイクで配達されるピザは梱包材までカッコ良く見え、すぐさま人気になった。日本企業では一九八七年に一号店をオープンしたピザーラが後を追い、派手な宣伝もあって、若者たちに浸透していく。出前という言葉を使用しなかったのは、日本の伝統的な自宅お届けシステムとの差別化を図るためだったかもしれない。作戦はまんまと当たり、寿司から和食まで、飲食するスペースを持たず、配達専門で商売する業者がつぎつぎに登場していった。

僕はこの宅配・デリバリー旋風が、順調に成長してきた町中華が曲がり角に差し掛かるきっかけのひとつになったと思う。景気は好調、バブル期に向かってイケイケになっていく時期だったから、すぐに大きな影響が出たわけではなかっただろう。相手は割高な上に濃厚なチーズたっぷりのピザ専門店。ホームパーティ用やおやつ代わりにはなっても、食事として定着はしないだろうと見なされたフシもある。

当時はもっと警戒すべき相手がいた。一九七六年に創業された『ほっかほっか亭』を筆頭とする持ち帰り弁当店である。

安い値段でできたてを食べられるだけじゃなく、自分で弁当を作る手間が省ける便利さに、町中華が取りこぼしていたOL層が飛びついた。つられるようにサラリーマンたちも行列をつくる。一九八〇年代には他のチェーン店も出店数を増やし、出前を脅かす存在へとのし上がっていたのだ。

若者層や家庭をターゲットに、オシャレ感を加えた宅配ピザ。家庭の味を演出し、働く人たちの朝の時間節約を手助けした持ち帰り弁当。これらがいかに優れた商品だったかは、その後の定着ぶりを見ればよくわかる。

このように、一九八〇年代は町中華やそば屋に代表される出前と、気軽に持ち帰れる弁当、ピザ屋に代表される新興勢力の宅配・デリバリーが激突する時代の幕開けでもあった。最大の違いは、店で食事を提供しながら家へも届ける出前に対し、弁当やピザは配達か店頭販売専門だったことだ。そのぶん、商品作りと販売に仕事を特化できた。

しかし、出前は「店の客」＋「電話で注文してくる客」に対応しなければならない。だから、小規模な店であっても専用のスタッフを雇って出前に力を入れることが珍しくなかったし、それだけの需要があった。出前をがんばれば、客席数の少ない店でも売り上げが増やせる。町中華のよう

出前機を取り付けた
自転車でがんばっている店もある

な個人営業店にとって、出前は大切な、いわば外貨獲得手段。昼時ともなれば、出前のバイクが通りを走り回っていたものだ。

運転技術や体力を必要とする出前スタッフは、アルバイト店員が適当にこなせる仕事ではない。ライバル店との競争に勝ち抜いてお得意様を増やすため、なるべく早く、正確に届け、食器の回収まで行うスペシャリストだった。あの頃、出前の人がいつもテキパキしていたのは、つぎの注文をこなすため、急いで店に戻らなければならなかったからだと、いまになってわかる。

昼はオフィス、夜は麻雀荘でフル稼働

出前で稼いでいたのは喫茶店も同じだった。コーヒーチェーンが登場する前は、脱サラして開業する人も多く、駅前には必ずと言っていいほど個人営業の喫茶店があったが、こういう店も出前で大いに利益を上げていた。

一九七〇年代の終わり頃、学生時代に僕がアルバイトした飯田橋の喫茶店は、コーヒー一杯二〇〇円。当時としても安い値段だったが、明らかに儲かっていた。朝八時の開店と同時に、スーツ姿のサラリーマンがやってきてモーニングセット（厚切りトーストとミニサラダ、茹で卵付きで二五〇円）を食べる。昼になるとコーヒー付きのランチセット（五〇〇円以下）を求めて客が

ひしめき合う。それに加え、午前中や午後イチあたりにコーヒーの出前が入ってくる。オフィスで飲むコーヒーはインスタントが普通だった頃、本格的なコーヒーを飲めるのは喫茶店だったからだ。

月曜の朝など会議用に大量のオーダーが入ることもあり、僕が働いていた九時から一四時までの間に、平均五〇杯は出前したのではないだろうか。徒歩で届けるため、範囲はせいぜい店から一〇〇メートル以内。それで五時間の売り上げが一万円。経営者いわくコーヒー一杯の原価は一〇円。僕の時給は五〇〇円だったから、出前の利益だけで十分にバイト代が払えていたことになる。

町中華店主に出前の全盛期はいつだったか尋ねると、一九八〇年代後半から一九九〇年代前半のバブル期で答えが一致する。サラリーマンたちは猛烈に忙しく、ゆっくり外食する時間がなかったため、昼食を出前で済ませることが多かったらしい。

夜は夜で注文がひっきりなし。どこからか。麻雀荘である。出前は配達だけではなく食器の回収にも手間がかかるけれど、まとめて注文が入るのが利点。オフィス街にある客席数三〇ほどの標準的な店でも、出前だけで店が成り立つくらい儲かったという。四人で麻雀卓を囲む客は、出前も同時に頼みがちだ。隣の卓で食べているのを見ると、他の客も釣られて食べたくなる。しかも、夕食時だけでなく、夜食タイムの需要も多いため、注文が途切れにくい。

具体的に言うと、店に客が来なくてガランとしているのに、深夜まで厨房がフル稼働している状態だったそうだ。シンクに洗い物がたまり、閉店後も遅くまで働いていたため、睡眠不足が日常化していたという。そうか、あの頃、客がいないのにつぶれないので不思議に思った店がいくつもあったが、きっと出前でがっぽり稼いでいたのだ。

頼む側にとっても、出前は便利な食事方法だった。値段が少々割増になる程度で、特別な配達料も必要ない。寿司やうなぎといったごちそうでも、ざるそばやラーメンなどの日常食でも、電話一本で家まで届けてもらえる。雨の日など、小さな会社がひしめき合うような街では、食べ終えた食器が入口の前にうず高く積まれていた。

『正来軒』の役割分担出前術

バブルが弾けて不景気になると、個人経営の店は経営が苦しくなり、次第に外食チェーンに主役の座を奪われていく。まず喫茶店の数が急速に減った。町中華にも変化が押し寄せる。柱のひとつだったはずの出前をやめる店が出てきたのだ。ピザを筆頭に宅配は相変わらず人気が高い。弁当屋も低価格路線で存在感を強めている。

さらに、それらを上回る勢いで生活に浸透してきたコンビニによる打撃も大きい。買いに行って戻るまで五分とかからず、まずまずの味。出前より断然早くて便利な〝怪物〟だ。

店主も年をとってきたし、今後は家族経営でやっていくのがいいんじゃないか。人件費を減らすためにも、出前から撤退しようとなるのも無理のない話である。

一斉にそうなったというより、一九九〇年代なかば以降、だんだん減っていったのだと思う。サラリーマンの食事の選択肢から出前がなくなり、麻雀ブームもいまは昔。思い起こすと、僕自身、この時期あたりから出前をとる機会がめっきり減り、たまに頼む際はピザになってしまった。町中華に飽きたとか、出前だと麺が伸びるとか、食器の返却が面倒だから避けたわけではなく、なんとなくそうなったのだ。そして、気がついたときには、あれほど走り回っていた出前バイクが、町から姿を消しかけていた。

現在、出前をやっている町中華の割合はどれほどだろう。店の前にバイクがあると、それだけで嬉しくなるほどだから、せいぜい一〇軒に一軒くらいだろうか。専用スタッフがいる店はほぼ絶滅。家族経営をしながら、近所のお得意さんを中心にやっているところばかりだ。使わなくなった岡持ち（出前箱）が、所在なげに店の片隅に積まれているのをよく見かける。

だからこそ、いまどき元気に出前をしている町中華は貴重で、見つけるとなるべく入るよう心がけている。なかでもグッときたのが、目黒区目黒本町にある『正来軒《せいらい》』。カウンター七、八席の小さな店で、店主と女将さんがふたりで切り盛りするこの店では、他ではなかなか見ることのできない、独自の出前システムを採用しているのだ。まぁ、そんなに複雑なものじゃないんだけど、ふたりともバイクが運転できるので、誰が出前担当という区別がないのである。

　店主が出かけている間に注文が入ったらどうする？　心配ない。女将さんも店主並みに鍋が振れ、全オーダーを作ることができるからだ。でも、『正来軒』のすごさはそこじゃない。というのも、町中華では重い中華鍋を軽々と操ることのできる女将さんに遭遇する確率はけっこう高いのである。メインで厨房に立つのは店主だとしても、サポート役として野菜を切ったり仕込みを手伝うのは当然で、その気になれば調理もできてしまう。亡くなった店主の後を、女将さんが継いでいる繁盛店もあるくらいで、町中華探検隊ではそういう店を〝未亡人中華〟と呼んでリスペクトしているのだ。

　だから、ご主人が出前に行っている間に、『正来軒』の女将さんが鍋を振っていることへの驚きはなかったのだが……。店に電話がかかってきたのである。出前が入ったのだ。慣れた感じで注文を聞いてメモをとる女将さんの口調から、常連客だと察しがつく。

　そのオーダーを作り始めたところへ、タイミング良く店主が帰ってきた。問題はここからだ。

『正来軒』の外観。小さい店舗だが、
町中華ファン心をくすぐる魅力満載

女将さん、マイペースで料理を作ると、さっとヘルメットをかぶって出ていってしまったのだ。そうか、この店はふたりとも出前をこなすのだなと思っているところへまた電話。出前を受けた店主が料理を作っていると、女将さんが戻って来て素早くエプロンを着ける。と、今度は盛り付けを終えた店主が使い込まれたヘルメットをかぶって、無言で出ていくではないか。

それで理解できた。ここでは注文を受けたほうが調理と出前を担当する自己責任システムを採用しているのだ。だから、どこの誰から何の注文が入ったと報告しなくても困らない。これはすごい。夫婦だけでやっている店だからこそ実現できた究極のコンビネーションである。でも、どうしてそこまでして出前をするのだろう。店主に尋ねると、近距離の客だけやっているとのことだった。

「昔はこんなもんじゃなかったけど、ウチを贔屓《ひいき》にしてもらえるのは嬉しいじゃない。手が足りないから長年のなじみ客限定にさせてもらってますが、売り上げ的にも助かってますよ」

そば屋の出前はプロの職業

注文の料理を作って届ける出前の始まりは江戸時代中期といわれている。形態としては、細かい注文に応じるというより、大人数用の仕出しに近いサービスだったようだ。

当時は天秤棒で食材を売り歩いたり、いまでいう屋台のようなもので商売する人が多かった。

移動式店舗が主流だった時代だから、家まで食べ物を届けてもらうことについても、それを特別なサービスと考える人も少なかっただろう。

移動式店舗で商売する流れが根付いていたのは、せいぜい昭和の中頃までだろうか。出前ではないが、僕が子どもだった昭和三〇年代には豆腐売りが祖父の家の前まで来ていたし、行商のおばさんが定期的に魚の干物や貝などを〝訪問販売〟していたのをよく覚えている。なぜ覚えているかというと、還暦超えした現在に至るまで、親戚から子ども時代の蛮行を、笑い話として聞かされているからだ。僕は三、四歳の頃、豆腐売りのラッパの音を聞くと器を持って表に飛び出し「トーフイッチョウ！」と叫んで勝手に買っていたらしい。代金はツケになり、後でまとめて払っていたそうだが、それだけならまだしも、買ったそばから手づかみで食べ始め、すると便意を催すのか、食べながら立ちウンコをすることもあったという……。

出前の話だった。町中華の出前を考えるとき、その前身としてイメージしやすいのは、そば屋の出前である。麺類を扱い、汁をこぼさずに運ばねばならない課題でも共通している。出前界の大先輩にあたるだけではない。僕たちになじみの深い、バイクに搭載した出前機で食べ物を運ぶスタイルは、そば屋の出前を〝近代化〟するために発明されたものだったのだ。

そば屋の出前がどのように進化していったのか、詳しいことはわからない。明治・大正・昭和と時代が進むなかで、客層に会社で働く人が多くなり、〈早い・安い・旨い〉の三条件が揃い、仕事場まで届けてくれる便利な存在として人気が定着したのかもしれない。昭和に入る頃には、自転車を活用するようになり、せいろや丼を何段も重ねて肩に担ぎ、片手運転で走る光景が見られるようになった。古い写真（127ページ）を見ると、曲芸師みたいにタワー状に積んでいるものもある。

こんな技、素人にはできない。そう、出前の多いそば屋では出前専門のプロを雇っていたのである。彼らはそばを打つことも店内の接客もせず、配達だけを行う〃外番《そとばん》〃と呼ばれていた。大量のそばを積み、颯爽《さっそう》と自転車で町をいく外番はそば屋の象徴的存在で、昭和三〇年頃までは「そば屋の出前コンクール」なるイベントまで開催されていたというから驚く。外番は粋なお兄さんであり、街角のヒーローだったのだ。

そうは言っても、まだまだのんびりした時代。「そば屋の出前」という言葉に象徴されるように、ゆったりペースでやっていたんだろうと想像するが、引退した元そば屋の店主に話を聞くと、昭和四〇年前後の修業時代は店の仕事をなかなかやらせてもらえないほど出前に追われていたという。素人だからそうたくさんは運べず、ピストン輸送のように店と出前先を行き来していた。やがて独立し、世田谷区玉川で日本そばの店『大勝庵』を経営。引退後は私設の鉄道資料館「大勝庵　玉電と郷土の歴史館」を運営するようになるが、そのきっかけは、出前の帰りに一服しながら眺めていた電車が好きになり、廃線になることが決定した東急玉川線（通称玉電）の写真を撮り始めたことだったそうだ。

オリンピックの聖火を出前機が運んだ！

道行く人たちの目を楽しませた出前職人が消えてしまった理由には諸説あるが、僕が有力だと思うのは〝外圧〟説。戦後しばらく経った頃、外国人観光客が銀座を歩いているとき、車の間をすり抜けるように走る出前の自転車を見てびっくりし、その危険性を訴えたために警察からの指導が入ったというものだ。

ではどうすればいいのか。要因が荷物を担いだ状態で行う片手運転にあるのは明白である。だったら、そばを肩に担がず運ぶ方法を編み出せばいいのでは。この発想から生まれたのが出前機だった。考案者は都内のそば屋店主らしいが詳細はよくわからない。出前サービスのピンチを救った発明者なのだから、しっかり記録しておいてほしかった。自店の営業用に創意工夫して作り出したのだろうが、これがとんでもなく優秀な運搬機だったため、目をつけた業者が昭和三〇年代前半に商品化したとされる。

ただしデビュー後すぐに売れたわけではない。曲芸師ばりの腕前を競っていた外番にとって、誰でも気軽に配達ができる出前機の登場は失業につながりかねないもの。彼らを気遣い、導入に二の足を踏む店主も多かった。

しかし、警察の指導とあれば仕方がない。それまで目こぼしされていた自転車の片手運転が厳しくチェックされれば出前ができなくなる。

もうひとつ、忘れてはならないのが一九六四年（昭和三九年）に開催された東京オリンピックだろう。オリンピックでは聖火をランナーがリレーでつないでメインスタジアムまで運ぶ習しだが、途中で消えてしまったら困る。そこで、予備の聖火を揺れ衝撃に強い出前機で運ぶことにしたのだ。

出前機は期待に応え、火を絶やさず運搬することに成功。八年後に開催された札幌オリンピックで再び採用され、その実力を証明した。ホンダのスーパーカブを筆頭に、バイクメーカー各社も出前に向いたバイクを発売し、一気に全国へと普及していく。

そば屋の店主が出前のために考案した出前機。その恩恵に目一杯あずかったのが、ぐんぐん頭角を現してきた町中華である。そば屋が独占してきた〈早い・安い・旨い〉の三条件は、戦後の食文化である町中華の得意とするところでもあったのだ。

それにしても、どうして出前機は汁をこぼさず運べるのか。町中華に通った経験を持つ人なら一度は抱く素朴な疑問だが、わざわざ店の人に尋ねることなどめったにない。出前機というくらいだから、なにかうまい方法を編み出して、その部分をクリアしているに決まっているからだ。

僕もこれまでは聞いたことはなかったが、出前機で走り回るバイクが減ってきたことでもあるし、出前機の構造を知りたい気持ちが湧き上がってきた。そこで〈出前機　メーカー〉で検索をかけてみると、ひとつのメーカーにしかヒットしないではないか。少なくとも数社で販売していると想像していたのだけれど、現役バリバリでやっているところは一社だけのようだ。昭和の大発明がピンチを迎えている。そういうことなのか。とにかく話を聞かなくては……。

最後の砦、マルシン出前機

二〇一九年現在、唯一の出前機製造会社となったのは、東京都府中市にある大東京綜合卸売センター内にある『マルシン』。いまでは業務用調理器具を幅広く扱っているが、もともとは出前機を製造販売するため設立された。創業は一九六五年というから東京オリンピック直後。初代が出前機の将来性を感じ取り、業界変革のまっ只中に乗り込んでいったそうだ。

商品名に〈マルシン出前機〉と自社の名を掲げて勝負に出た同社は、たちまちトップメーカーへと躍進。前出の札幌オリンピックで使われた出前機はマルシン製品だった。他社との差別化を図るべく、改良を重ねていった技術力の賜物……というわけでもなく、求められるままにやってきた結果だと二代目の森谷庸一代表は言う。

「初期からデザインも構造もほとんど変わってません。出前機は最初から完成度が高かったということでしょうね」

　構造上の優れた点はどこなのか。いくら慎重に運転したとしても、道路にはカーブもあれば信号もある。路面の微妙な凹みも至るところに出没する。それなのに、前後左右、上下の揺れにもきっちり耐えて、ラーメンは無事に到着する。ラップをかけているからでは説明のつかないこの能力はどこからくるのか？

「コンビニでおでんを買ったと考えてみてください」

　おでんをいくつか買って持ち帰るところを思い浮かべてみた。

「手に持って運ぶと汁がこぼれやすいですよね。でも、レジ袋に入れて運ぶとこぼれにくい。それと同じ原理なんです」

　両手で抱えるように器を持ってそっと歩いても、おでんの汁は波打つ。が、レジ袋に入れ、袋の持ち手の部分を持って歩くと、振り子が左右に揺れても上下動しないのと同じように、器を水平に保ちやすくなる、ということだ。え、そんなにカンタンなことなの？

「カーブすれば車体は斜めになりますが、出前機の荷台は常に水平なんです。どうぞ触ってみてください」

　いかつく見える出前機を見て確認すると、固定されているのは上部二カ所だけである。揺れすぎ対策として、ショック吸収用のスプリング（空気バネ）が装着されているものの、基本構造はいたってシンプルなのだ。

荷台を横から押してみると、フワッと抵抗なく左右に揺れた。なるほど、出前機はラーメンの入った大きなレジ袋をぶら下げているようなもの。前後の揺れに対してもするする動く工夫が施され、徹底して揺れに逆らわない仕組みだ。

大小の空気バネ。（この写真では、
もうひとつの小のバネが大の背後に）

上下の揺れを受け持つのは大小の空気バネ三基。衝撃を感じると同時に自ら軽く伸び縮みし、ショックを防ぐ。バイクのエア・サスペンションより先に開発されたという説もある優れた構造になっている。すごい。まるで、人数をかけずに鉄壁のディフェンスをするサッカーチームではないか。これは便利。売れるに決まっている。

「私は出前機の一番いい時代を知らないんですけど、よく売れたようですよ。全盛期は月産三〇〇台。ただ、ピークは短かったんです。昭和五〇年代に入ると、もう全国に行き渡っちゃった。しかも、シンプルで頑丈だから壊れにくい。買い替え需要がそんなにないんです」

森谷代表、苦笑い。マルシンでは事業の中心を出前機以外のものに切り替えることでサバイバルしつつ、メーカーの責任として、交換部品を切らさないように心がけてきたそうだ。

それが報われたのが二〇〇〇年代初頭。そば屋や町中華に代わって出前界の覇権を握った宅配ピザ、宅配寿司から続々とオーダーが入ってきた。

「いやもう、てんてこ舞いの日々でした。宅配寿司は出前機じゃないとシャリが転がってしまい、うまく運べないようなんですよ」

屋根付きバイクによるピザやケーキのケータリングにも対応しているが、出前機の種類は基本的に五つしかない。町中華で主に使われるのは、バイクのサイドに取り付ける片付出前機、左右に取り付ける両付出前機、荷台の上に取り付ける後付出前機だが、左右の揺れに対しては水平性を保ち、上下の揺れにはショック吸収で対応する基本構造はすべて一緒だ。

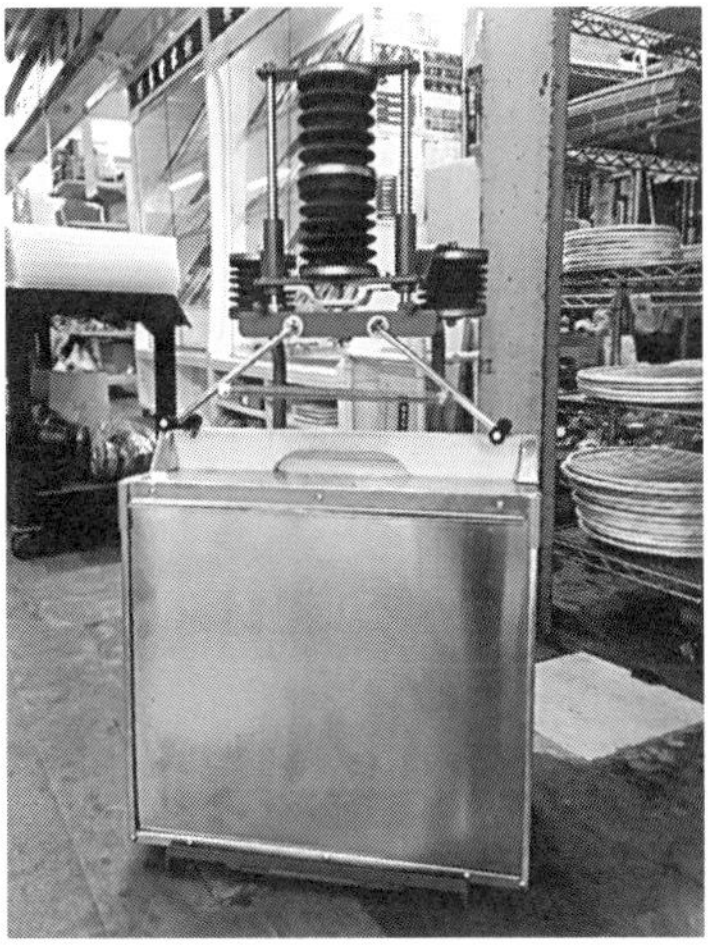

マルシン出前機。町中華の代表的機種は、
横5段、10個入り出前箱が
取り付けられる「3型片付出前機」

第二のウェーブもいまでは落ち着き、壊れにくいために新規オーダーがつぎつぎにはいるというほどではない。でも、他社が撤退していくなかで辛抱強く商売しているうちに、マルシンは出前機最後の砦になってしまった。

現在は受注があれば生産し、普段はメンテナンスや部品交換への対応のみやっているというけれど、もうマルシンしかないのだ。ラーメンのように細く長く作り続け、これからも町中華を支えていってほしい。

そのために僕たちができることは、なんといっても出前を頼むことである。町中華は好きだけど出前を頼んだことがないという人にとっては、もうひとつの町中華体験になるだろう。

これまで書いてきたように、出前は町中華の発展にとって忘れてはならないものだ。が、町中華探検隊の隊員にも未体験者が多いのは残念なことだ。三〇代までの隊員に出前の話をすると「ツウの楽しみ方ですね」と言われたりして、〝世代間ギャップ〟を感じさせられてしまう。

方法は難しくない。出前機付きバイクや自転車が店頭に置かれている最寄りの店をチェックし、出前用メニューをもらえばいいのだ。たいていは二人前から応じてくれるので、友だちを呼んで出前体験することを勧める。〝自宅で町中華〟は、ピザ一枚の値段で十分足りて、エンタメ性も備えるイベントなのである。

届くまでに要する時間からは、注文を受けてからバイクで運ばれてくるまでの流れを想像する楽しさがもたらされる。麺の伸び具合は、それでもなぜ人びとは出前を愛してきたか想像するチャンスと捉えよう。餃子が多少ふやけているのも愛嬌。

町中華へ行くと、店名が入った特注品の食器がよく使われている。それを見て「凝っている」と喜ぶ人がいるけれど、出前を取れば、あれには実用的な目的があることがわかるはずだ。

丼や皿に店名や電話番号が入っているのは盗難防止の意味合いもあるとか、レンゲやスプーンにそれがないのは消耗品として考えられているのだなとか、町中華についての新たな発見がもたらされるに違いない。

最後に、食べ終えたら器は軽く洗って返すのをお忘れなく！

2

メニュー研究：“最強打線”と“三種の神器”が奇跡の合体

専門店化とは真逆の町中華ベクトル

僕が町中華のお手本だと思っていた、新宿区百人町の『中華料理　日の出』には、壁の至る所にメニューが書かれ、その数は三桁に達していた。店主がひとりで調理する店にしては多すぎる数だ。内容も麺類、飯類、単品メニュー、酒のつまみ、洋食まで広がり放題。しかも、どんなメニューを頼んでも品切れということはなく、数分後にはテーブルにやってくるのだ。

材料に無駄が出ないように工夫していると言っていたが、このやり方はうまく回しても一定のロスが出る。それでもそのメニューが好きな人がいるのだから外したくない。フロアを切り盛りする女将さんの目線は、いつも大勢いる常連客に向いていた。

そもそも、つまみメニューなどは最初から

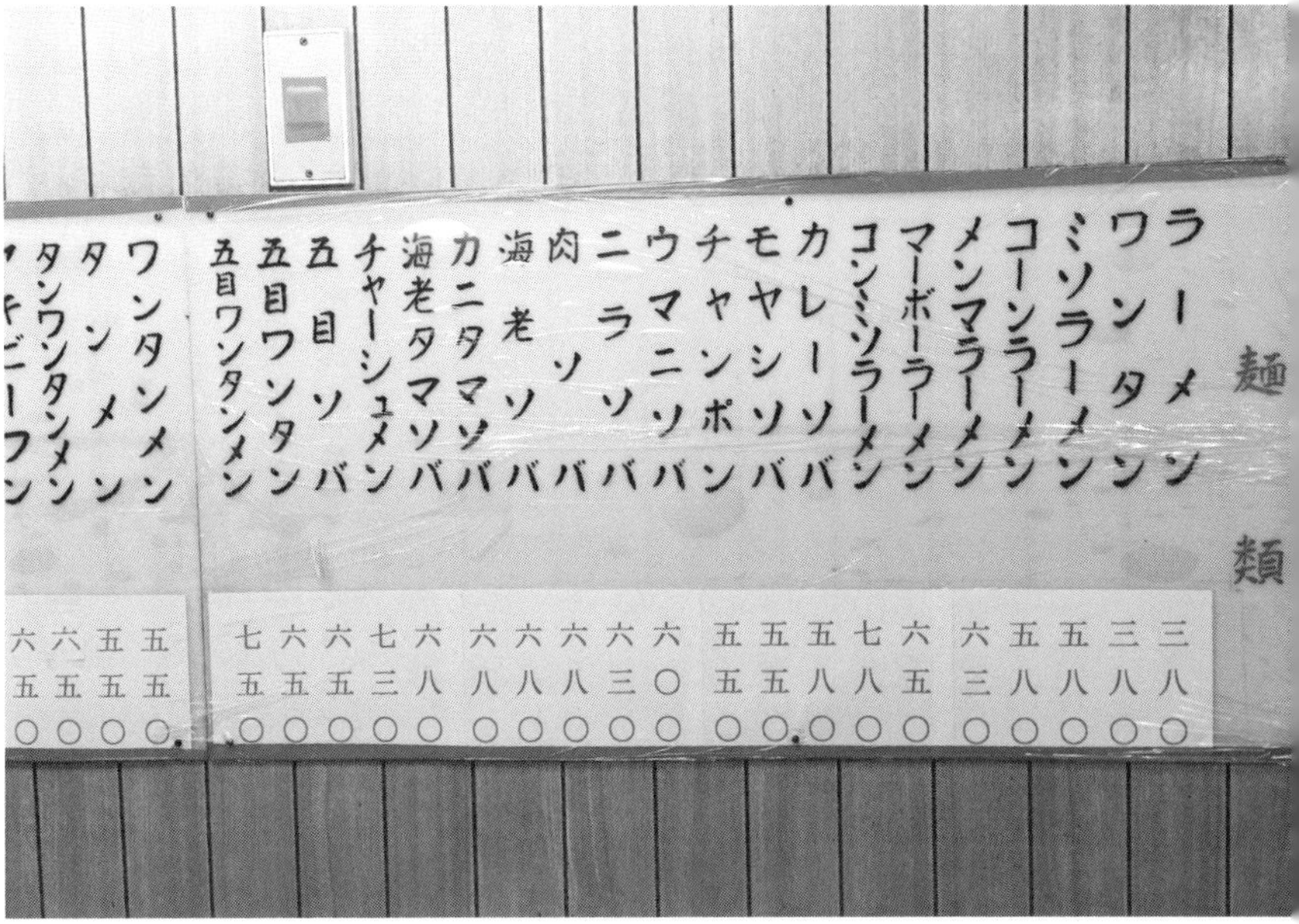

あったわけじゃない。常連客のリクエストで裏メニューとなり、その味が好評なため表メニューに昇格したものばかり。だから、どれをとっても旨かった。二〇一六年、店主が体調を崩して突然閉店したときには、「大久保の太陽が沈んだ」と、ファンたちが嘆き悲しんだものだ。

そこまで多くなくても、メニュー数が五〇を超える店はザラである。町中華は一般的に、多彩な料理を安価で提供するスタイルを貫いてきた。いや、そうするしかなかった。新しい食のジャンルとして頭角を現してきたのが戦後の混乱期から昭和二〇年代後半ということもあり、スタート時から庶民的な食べ物屋だった

麺類のバリエーションがやたらにある店も多い。下段の値段に値上げの痕跡が見られる。でもとにかく安い

町中華ではメニューが壁にどーんと書き出されている。どうです、このびっしり感

からだ。

高級路線に転換したくても、中華の世界には戦前からの「中華料理」というジャンルがあったため、うかつに近寄れない。ラーメンを中心にメニューを絞り込む店もあっただろうが、大半の店は客の要望に応える形で間口を広げ、メニューを増やすことで新しい客層をつかもうとしてきたのだと思う。

そうこうするうち、より本格志向のラーメン専門店も現れたため、安い、早い、なんでもある、味はソコソコという路線が町中華に定着。現在に至るまでその傾向が続いている。

僕たちは味に満足すると「旨い」と言うが、ラーメン専門店で食べたときの「旨い」と、高級中華料理店での「旨い」、町中華での「旨い」は微妙に違う。専門店では独自性やこだわりが評価のポイント。高級店では素材の質や凝った調理法、非日常的な味への満足感。客はそこに専門店らしさ、値段に見合った内容を求めがちだ。

対して、町中華で求められるのは、安定感であり、日常的な満足感である。そんなに大きな期待もなく入店し、ありふれたものを頼み、スポーツ新聞片手にチャッチャと食べて店を出ることができたら十分合格点が出せるくらいのちょうど良さ。いちいち感動したりして、心を揺さぶられるようなものは日常食とは言えない。食べたそばから味を忘れるような、どうってことない感じこそ理想的だと思う。

各家庭で味噌汁の味が異なるように、町中華も店ごとに味が違っていて、それぞれにファンがついている。それでいいのだ。

とはいえ、町中華を町中華たらしめているメニューはあるだろう。そこで、ここではおなじみの食べ物が、町中華においてどんな位置づけになっているかを考察してみたい。

前述のように、町中華はその歴史のなかで扱うメニューを増やしてきたわけだが、一方で消えていったものや定着し損なった料理もあるはずだ。いま我々が店でよく目にするものは町中華メニューの勝ち組。景気のいい時代やバブル崩壊後の長い不況をくぐり抜けた実力派たちなのである。

いや、力だけではなく運も強かったのだろう。あなたは、かつてまずまずの確率でメニューに入っていたチキンライスがほとんど消えてしまっていることを知っているはずだ。チキンライスは実力不足か。そんなことはない。全盛期には亜流としてのポークライスも生み出したほど人気があった。しかし、いまではチキンライスに卵を巻きつけたオムライスにその座を奪われ見る影もない。

だから、いま現在、多くの店で食べられているメニューは、それぞれが勝ち組と言ってもいい。ここ二〇年くらいの間に新規定着した感があるのは、つけ麺と担々麺くらいだし、それにしたってどこの店にもあるわけじゃない。町中華が衰退期に入っていることを考え合わせると、この先画期的な動きもなさそうだ。

だとすれば、いまの定番こそが、紆余曲折の末にたどり着いた町中華メニューの完成形なのかもしれず、検討に値するテーマだと言えるだろう。

常連は同じものしか頼まない

町中華には突出した看板メニューを持つ店も一部あるが、だいたいは定番の主食メニュー、単品のつまみ系、定食で人気のもの、濃厚でガツンとくる料理、対してあっさりした風味のものなどがバランス良く配置され、客の好みに幅広く対応できるよう配慮されている。それというのも常連客に支えられているためで、客の空腹レベル、季節感なども加味され、そのときの気分にフィットするものがチョイスできるようになっている。

この書き方だと常連客がいろんなメニューを食べたがるように受け取られそうだが、そういう意味ではない。常連客の注文は極端に保守的で、どの店主に尋ねても同じ答えが返ってくる。

「常連さんは決まったものしか頼まないね」

通えば通うほど好みが定まり、好きなものだけを食べるのが常連というものなのだ。ラーメン好きはラーメン、炒飯好きは炒飯一点張り。せいぜい餃子を合わせたり、夏に季節ものの冷やし中華を一回食べればいいほうなのである。なかには判で押したように日替わり定食を頼む常連客もいる。定食なら何でもいいのか?! 答えはイエスだ。その人は日替わり定食に全幅の信頼を置き、それを食べることで満足感と安心感を得るのだ。

それでもメニューが増えていくのは、常連客ごとに好みが異なるからだ。ラーメンが有名だからラーメンを食べにくる客とは違う。そんな情報はどうでもいい。自分の舌のみを信じ、世間の評価がどうであろうと、それを食べ続けるのが常連客だ。わずかな味の変化も見逃さない定点観測者なので、店側は彼らに見切りをつけられることを何より恐れているだろう。二代目、三代目から聞かされる代替わり時の苦労話には、「味が変わった」とダメ出しする常連客に納得してもらうまでの悩み多き日々についてが多い。

整理すると、町中華のメニューが多いのは、さまざまな常連客の好みに対応するためと、一般客（ときどき来る人や初めての客）に選択の幅を与えるためだと推測できる。

メニュー最強打線

唐突だが、ここで話をわかりやすくするため、核となるメニューで打線を組んでみよう。

野球では、一番から九番まで、九人のバッターを並べて相手チームのピッチャーに挑む。足の速い選手、打力は弱いが守りの要として外せない選手、ホームランバッター、意外な場面でヒットを打つ曲者バッター……。単純に強打者から順に並べるのではなく、効率的に点をとるために最適と考えられる流れをつくり、個々の選手という〝点〟を、つながりのある〝線〟にするのだ。

町中華をひとつのチームとすれば、個々のメニューは選手である。種類が多くてどれも大切なものに思えるが、多くの店を食べ歩くうちに、町中華にとって欠かせないメニューがどれなのかわかってきた。

なぜ多くの店にそれがあるのか。人気があるから、旨いから。でも、本当にそれだけなのか。違うと思う。我々が見ているメニュー表は、町中華界が数十年かけて築き上げてきた、飯・麺・単品・定食などで構成されたチームの所属選手のようなもの。そして、たくさんある食べ物のなかに、町中華の根底を支えるレギュラーメンバーたちが潜んでいるのだ。

たとえば、壁の短冊を眺めているうちに、なんだか食べたくなって「五目餡《あん》かけ炒飯」を注文したとしよう。我々はそれを心の底から食べたくて注文したのだろうか。二つ隣の「炒飯」

や、すぐ隣の「五目炒飯」との比較検討から選ばれたのではないだろうか。その根底に「今日は炒飯かな」という気分が横たわっているとしたら、「五目餡かけ炒飯」は「炒飯」というレギュラーメンバーの背後にいる控えの選手だと言えるのではないだろうか。

あるいは「炒飯」な気分だったはずが「ピリ辛味噌ラーメン」を頼んでしまう場合もある。「炒飯」中心にメニュー表を眺めているうちに気が変わったのだ。「飯」から「麺」へのダイナミックな路線変更である。それは思いつきのように見えて、じつは一通りメニューを見ているうちに「ラーメン」軍団に心を奪われた結果であり、「ラーメン」のなかでも濃厚な何かを心が求めた末のギリギリの選択だったのではないか……、ギリギリって何だかわからないが、とにかく「ピリ辛味噌ラーメン」は「ラーメン」や「炒飯」という主力メンバーがいてこそチームのなかで存在感が持てる選手なのである。

「ラーメン」や「炒飯」以外にも主力メンバーがいて、切磋琢磨しながら存在感を競い合い、これがダメならこっちへどうぞと客をリードしていく。その周辺に「五目餡かけ炒飯」や「ピリ辛味噌ラーメン」みたいな個性派がいたり、オールドファンの目を引く「五目そば」がニラミを利かせていたりする。脇役陣もそれぞれ魅力あるメニューだが、個々にとらわれていると全体が見えなくなる。そこで、ここでは心を鬼にして九品目に絞り込み、町中華打線を組んでみようと思うのだ。

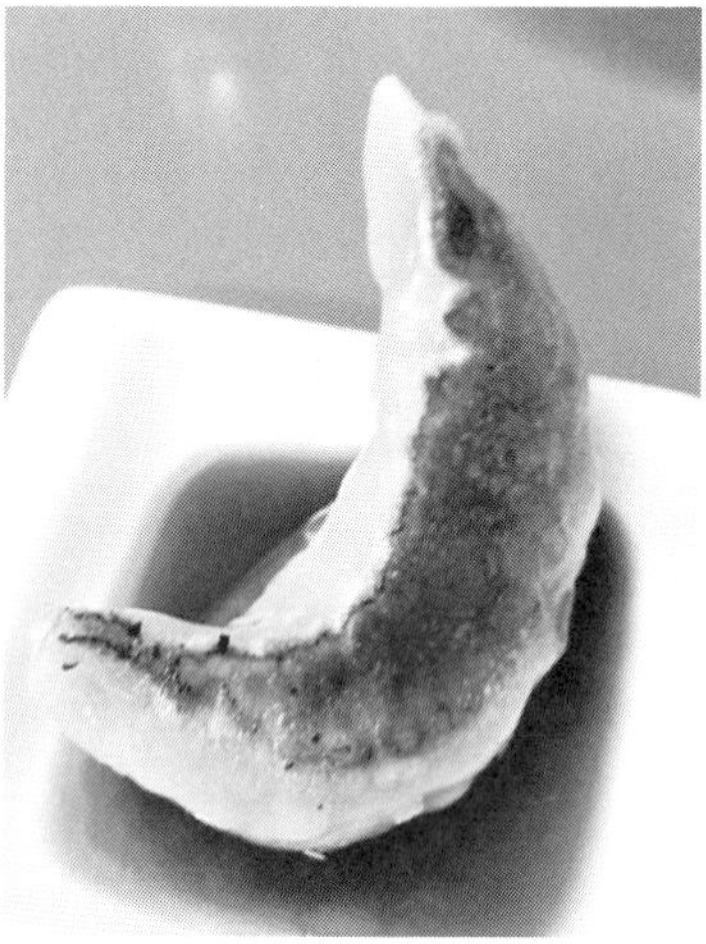
つまみに良し、ご飯の供に良し、
ついつい頼んでしまう不動の一番

〝最強打線〟の主軸はなんだ

一番バッターに求められるのは出塁率の高さ。これは餃子だ。人気という点では誰も異存がないだろう。僕が訪ねた店で餃子を扱っていなかったのは、シュウマイに力を入れている店と、店主がニンニク嫌いの店しかない。餃子もシュウマイも手作りするには手間がかかる。餃子は先輩選手のシュウマイを押しのけて不動のレギュラーの座を獲得したのだ。ビールと相性が良いかと思えばご飯も進み、セットメニューで「餃子三個付き」みたいな提供もされ、柔軟さでもピカイチだ。満席の店を眺めれば、まず確実に餃子を食べている人を発見できるだろう。ラーメンだけではちょっと寂しいようなとき、つい「あと、餃子ください」と声が出てしまう。店にとって、ついで効果を発揮するメニューの存在は貴重だ。

二番には、店による当たりはずれが少ないもやしそばを抜擢したい。地味にコツコツ当てていくといいますか、大振りをしない確実さが二番向きだ。町中華慣れしたオヤジからの信頼も厚いもやしそばは、淡白そうに見えるが餡かけタイプが多く、ねちっこいところと腹持ちの良さを兼ね備えている。まさにオヤジテイストなのである。

クリーンナップは迷いに迷った。何を重視するかで打順が変わってくるのだ。野球の場合、一般的に三〜五番といったら勝負強くて長打力があるチームの中心だろう。でも、それだけでもない。スター性も欲しいし、チーム生え抜き選手であってほしかったりもする。

僕の選択基準は「これがない町中華は考えにくい」という定着感だ。

三番には、味においてはパンチ力で飯メニューを引っ張り、チーム内の位置づけにおいては四番の登場をお膳立てするチャンスメーカーも買って出る器用さを持つ炒飯を選んだ。炒飯のない町中華はまずないといっていい。ご飯がしっとり系、パラパラ系の二系統があり、具材も店によって違いがある。オールドタイプの店ならグリーンピースが真ん中に乗せられ、端っこに紅生姜が添えられ、見た目も鮮やかだ。あと、これは個人的な意見だが、町中華で出てくる小さな器のスープがありますね。あれがもっとも似合うのは炒飯ではないかと。

安定感抜群のもやしそば。
ハズレの少ない料理の代表でもある

四番バッターは中華そば。ラーメンである。町中華のあけぼの時代から店を背負ってきた大ベテラン。ラーメン専門店の出現以降、人気の面では三番の炒飯に一歩譲る面もあるが、看板選手としての重みでは、炒飯は永遠にラーメンを超えられないだろう。町中華の外観を思い浮かべてみてほしい。看板やのぼり、のれんに掲げられるのは圧倒的に「ラーメン」ではないか。これなしに町中華は語れないのに、そんなことを忘れて気軽に頼んでしまうあたりも素晴らしい。おまけに値段も安い。その店でもっとも低価格な主食メニューはたいていラーメンである。セットメニューにも欠かせないし、〝飲み中華〟では〆の一杯で胃袋を満たす。まさに万能選手。古くはラーメンライス、近年になると半チャンラーメン（炒飯とのセット）という画期的メニューで中心的役割を果たし、名球会入り確実な重鎮である。

もっとも悩んだのは五番打者だ。餃子→もやしそば→炒飯→ラーメンと単品が並んだので、そろそろ定食の出番である。パンチのある回鍋肉だろうか。いやいやパンチならレバニラ炒めも負けてはいない。大いに迷い、いったんは野菜炒め定食を推薦する決意を固めた。若かりし日々にこのメニューの世話になり、不足気味だった野菜を補えたと安心した人はたくさんいると思うからだ。僕も結婚するまではそうだった。人の心を癒やす点において、町中華で野菜炒めを上回るものはない。だがしかし、この案にはたちまち異論が寄せられた。野菜炒めがそれなりの地位を築いていることは認めても、五番を任せる強打者のイメージはないというのだ。

そこで再び熟考を重ねた結果、僕は考えを変えることにした。定食類はそれぞれ魅力的だけれど、どちらかと言えばライス、味噌汁お新香などとの合わせ技で光り輝くものである。むしろ、定食類を全員控えに回すほうが、町中華の懐の深さを表現できるのではないか。

では何を代わりに持ってくればいいか。中華丼である。

ここでも異論は出るかもしれない。かつてほどの存在感はないのではないか、人気メニューとは言い切れないのではないかと危惧する方もおられよう。しかし僕としては中華そばと並び、〝中華〟を名乗るメニューとして大ベテランの中華丼を忘れてほしくない。野菜をたっぷり使うだけじゃなく、餡かけの魅力をストレートに伝えることができる点も評価が高い。また、油断すると舌を火傷する暴力的なまでのアツアツ感は、調理の手早さと配膳の手際の良さを強く印象づけ、店の総合評価アップに貢献するのだ。もともとはスタッフの「まかない飯」だったようで、言われてみれば八宝菜をチープにしたような感じもする。中華丼は二軍から出発してベンチ入りを果たし、看板選手に上り詰めていった町中華オリジナル料理なのだ。

注目の下位打線、そしてＤＨ

下位打線には、これがないと物足りないというような、町中華らしい個性を持ったメニューが目白押しだ。

六番はクリーンナップで得点した後、新たなチャンスを生み出す役割がある。ツボにはまれば一番バッターより長打力があり、「炒飯」「ラーメン」「DH（指名打者）」とは異なる味もそろそろ欲しい。ということで、ご飯を卵と餡かけで二重に覆う天津飯はどうだろう。好みの分かれるところながら、子どもから大人にまで愛され、ないと寂しいメニューである。シンプルなだけに米の質、卵で使う油、餡かけの甘辛さ、どれかひとつをしくじってもおいしさが激減する危険さを秘めているのが天津飯だ。

七番を務めるのはタンメン。たくさんの野菜と塩味のスープ。化調に頼らずともいい出汁が出る。これのない町中華はもぐりと決めつけたいほどのマストアイテムだが、性格がおとなしいので下位打線で気楽に打たせたい。二〇代、三〇代の町中華好きは強い味を求めがちなので、タンメンなんか控えでいいと反発する人もいるだろう。そういう人には「若いね」と言っておく。滋味あふれるタンメンのありがたさを痛感できるのは、下腹が緩んできた中年期以降なのである。持ち味は抜群の安定感。普通に作れば好みの差こそあれ失敗作はないはずだから、タンメンがマズいと感じたら、アナタとその店は相性が合わないのだ。

そして八番に控えるのが焼きそばだ。もっと上位でもいい気がするが、こういう曲者が下位に欲しいのだ。ソース焼きそば、塩焼きそば、かた焼きそばなどアレンジが利いて、攻撃のバリエーションを増やしてくれる。そんな焼きそばの惜しいところは、町中華イメージがやや薄いことだろうか。どうしても縁日の屋台に負けてしまうのである。

ラストの九番はワンタン麺もしくはワンタン。主食にも副食にもなるスイッチヒッターであり、時代を問わず、ツルンとした食感に一定の支持を集めてきた。薄い皮を使うので、自家製ワンタンを作るのは技術的にも難しく、店の腕前を確かめるのに適している。個人的には肉たっぷりより、皮で食べさせるワンタンが好みだ。

ＤＨは季節ものの冷やし中華で決定。町中華で提供されるのは味が濃く、スタミナがつきそうな料理がほとんど。冬場はそれがありがたいが、夏はものすごく暑苦しく、つけ麺だけでしのぎ切れるものではない。集客的にも、夏は苦しい時期だ。そのウィークポイントを補い、女性客まで引き込んでくれるのが冷やし中華なのである。通年出す店もあるが、個人的には気温が二五度を超える頃に登場し、秋口に去っていくほうが風情があって好きだ。

「冷やし中華始めました」の貼り紙が客を呼び込み、
華やかなルックスが女性客をも惹きつける

うーん、強力打線だとは思うが、ちょっと若さに欠けるメンバーだ。昭和の頃と何も変わっていない感じがする。そうか、そこにこそ新しいスター選手が育ってない町中華の現状が反映されているのか。

ちなみにこのチームにピッチャーはいない。町中華の店主たちに生きのいいボールを投げ込んでくるのは、そこを訪れる客だからである。店主たちはいつもその球を懸命に跳ね返してきた。安くて量があってわかりやすい味で。また来てくれることを願い、バットを短く持って。

だがしかし、これで終わりではないのである。町中華には、こんな食べ物がなぜここに、と頭を抱えてしまうメニューがある。町中華探検隊内で〝三種の神器〟と別格視されている奇妙な一群だ。

もはや中華ですらない

化調の導入で味の全国統一がなされてからは、その時々の流行に左右されることなく、定番メニューを中心にやってきた町中華。牛丼がノシてきても、つけ麺がブームになろうとも、新メニューに加えた店は一部に限られ、新たな定番にはなっていない。このことから、町中華業界に保守的なイメージを持たれる方もいそうだが、それは誤解だ。町中華は本来、こだわりがなさすぎるほど柔軟で、頑固さとは真逆のいい加減さを持っているので、これはいいとなれば積極的に取り込もうとする傾向がある。

ではなぜ、牛丼やつけ麺は定着しなかったのか。理由はいくつか考えられる。

牛丼については第一に牛肉の壁だろう。町中華では素材をいろんな料理で使いまわすことで、ロスを最小限に抑えながら多彩なメニューを提供してきた。しかし、牛肉を使うメニューは少ない。代表的なのは青椒肉絲《チンジャオロース》だろうが、メニューに加えている店はさほど多くない。町中華にとって牛丼は素材の使いまわしが難しいメニューなのである。第二に値段。専門店チェーン並みの安さでは実現不可能だろうし、一杯七〇〇円とかで出して売れるとも思えない。チェーン店の味に慣れた牛丼好きは、町中華で牛丼を頼むくらいならチェーン店に行くだろう。

一方、町中華にルーツを持つつけ麺は、材料面、値段面をクリアできる。しかし、冷やし中華という季節ものがあるせいか、いまひとつ普及しきれないうちに専門店での人気が爆発してしまった。専門店は温かい麺でも提供するなど営業努力を重ね、年間を通して食べられるメニューに育て上げているが、その波についていけなかったのだ。

……とまあ、分析めいたことをするのは簡単だが、レギュラーメンバーの固定化や、牛丼・つけ麺ブームへの乗り遅れからは、かつての貪欲さが衰えたことへの寂しさを感じてしまう。町中華はその昔、客のニーズを感じ取れば躊躇なくメニューに取り入れる、ヤンチャな食べ物屋だったのだから。

その節操のなさは、いまのメニューにも色濃く残っている。代表的なのは町中華探検隊が〝三種の神器〟と呼んでいる、カツ丼・カレーライス・オムライスだ。

中華を名乗っているのに、何食わぬ顔で和食や洋食をメニューのなかに溶け込ませているのである。どこから見たって非中華だが、そんなことを気にする町中華ではない。中華メニューと別扱いせず堂々と壁に貼り出す。矛盾などまったく感じていないようだ。僕は一時期そのことを疑問に思って、「なぜ、これがメニューに入ってるんですか」と店主に尋ねたものだが、まともな回答が得られたことはない。一様にきょとんとして、こう答えるのである。

「なぜと訊かれても、さあ、昔からやってるからねえ」

ジャンルとしての整合性などという細かいことを考えない性質は、メニューに混沌を生み出した。カツ丼があるから、カレーライスやオムライスがあるから、町中華は全体的になんだかヘンなバランスの食べ物屋になっているのだと思う。

その存在を気にしないのは客も同じだ。学生時代から町中華の世話になってきた僕自身、当たり前のようにこれらを注文してきた。カツ丼・カレーライス・オムライスをやっている店の多さに気づいたのは、町中華探検隊を結成していろんな店へ行くようになってからなのである。

ちっぽけなこだわりより今日の売り上げ

〝三種の神器〟は、歴代の天皇が皇位のしるしとして受け継いだとされる、八咫鏡《やたのかがみ》、天叢《あめのむら》雲剣《くものつるぎ》、八尺瓊勾玉《やさかにのまがたま》のことで、一般的にはそこから派生した〝揃っていれば理想的〟という意味で使われている。昭和三〇年前後からの高度成長期には、電気冷蔵庫、電気洗濯機、白黒テレビが〝三種の神器〟と言われ、昭和四〇年代になるとカラーテレビ、クーラー、自動車が〝新・三種の神器〟とされてきた。

町中華の場合、とくに開業五〇年を超えるような古い店でカツ丼・カレーライス・オムライスの非中華トリオが揃っている傾向があったため、一時は正統派町中華の条件として〝三種の神器〟を挙げていたほどだ。チェックを重ねるうちに、揃っていない店にも、これぞ町中華と言いたくなる名店がたくさんあることがわかったため、条件からは外したけれど、僕はいまだにメニューを眺める際、この三つをつい探してしまう。

あやふやな記憶に基づく店主たちの証言ではあるが、そこには中華であろうとなかろうと、客が望むものであれば積極的に出していこうという貪欲な姿勢が感じ取れる。ちっぽけなこだわりより今日の売り上げ重視で商売に励んだ結果、客の支持を得たこれらのメニューが定番化していったのだ。黎明期における町中華のライバルは大衆食堂やそば屋だったはずで、飲食業界の先輩格にあたる彼らに追いつき追い越すためには、「なんでもあり」で

カツ丼、オムライスが鎮座している
メニューサンプルケースには
「ソース焼きそば」も

やっていくしかなかったのだと思う。

僕はこうした自由さ、いい加減さが町中華の魅力のひとつだと考えている。町中華は戦前から営業していた中華料理店をベースにはしているが、満洲帰りの人たちが持ち込んだ本場の味や、戦後に一旗揚げようと参入してきた人びとの工夫によって独自の進化を遂げた食のジャンル〝日式中華〟。ラーメンの出汁に煮干しを使い、炒飯にはカマボコやナルトを使うように、和食の伝統がそこかしこに見受けられる。

だとすると、どこかの店主がこう考えたとしても不思議じゃない。

「カツ丼もやっちゃおうか。お客さん、好きそうだ」

あるいは、中華以外の料理人だった人が、手軽に独立できそうな業態として町中華を選ぶケースもあっただろう。洋食屋で修業した店主が、メニューを考えているときに思うのだ。

「麺類、飯類、単品、あと洋食の部もつくっとくか」

とにかく使えるものはなんでも使って、安くてボリューム満点のパワフルな食事を提供するのである。ゴリゴリの中華じゃなかったから日本人に受けたたし、今日の売り上げ至上主義だったおかげでヘンテコな形に進化した今がある。

どこかの店でカツ丼が大当たりしたら、他の町中華も取り入れる。人気が出そうなものはとりあえずやってみて、儲からなければやめればいい。そういうメニューは山ほどあったに違いない。その結果、もっとも広く受け入れられたのが〝三種の神器〟だったのだろう。

それでも、どうしてカツ丼・カレーライス・オムライスだったのかという謎は残る。オムレツやチキンライスはどこへ行った。ハヤシライスではダメだったのか。親子丼や玉子丼がメジャーになりきれなかった理由はなんだろう。

僕の考えでは、それらの類似メニューは〝吸収合併〟されてしまったのだ。非中華メニューもアリとはいえ、根幹が中華である以上はやみくもに増やせない。今日は中華の気分じゃない客、あるいは女性や子ども客に対する受け皿となって、他店に客が流れるのを少しでも食い止めるのが主な役割とすれば、必要最小限のものでよかった。

そうして、激しいサバイバル合戦の末に代表選手が固まっていったのだ。丼部門からカツ丼、家庭料理部門はカレーライス、そして洋食部門がオムライスである。

では、それらはなぜ勝ち残り、非中華メニューでありながら、町中華において独特のポジションを獲得するに至ったのか。そして現状はどうなっているのか。

パワーの象徴としてのカツ丼

カツ丼の魅力について考えるには、そば屋を思い浮かべればいい。我々がそば屋でカツ丼を頼む一番の理由は、ガツンとした食べごたえだ。そばだけでは淡白すぎる、腹持ちが良くない、

どーん！　強烈な佇まいで登場。
ぎゅうぎゅうに押し込められたご飯が嬉しい

などと考えを巡らせ丼もの最強のパワーを誇るカツ丼をメニューから選び出す。

　町中華でも事情は同じだ。ガツンと行きたいのである。さらに欲を言えば肉を食べたいのである。中華にはパーコー麺（飯）というメニューもあるが、比較検討すれば、見た目の迫力、おなじみ感、一気呵成に食べ進められる点においてカツ丼に一日の長がある。また、親子丼や玉子丼との比較でも、強さの点でカツ丼に軍配が上がる。ということで和テイストのガツン食を求める腹ペコ野郎はこぞってカツ丼を選ぶのだ。

　そんなとき、中華店なのになぜ和食、などとは考えない。町中華慣れしたオヤジにとってカツ丼はあって当然のメニュー。あるから頼む、文句あるかって感じである。

　では、ひとり暮らしを始めたばかりのような学生はどうなんだという話になるが、これも昭和の時代には問題なかった。中華の店におずおず入り、そこにカツ丼を発見したときの気持ちはこうだった。

「お、カツ丼がある。肉だ肉だ。バイト代も入ったことだし、今日は贅沢してみるか」

思わず浮かれてしまうのである。僕の町中華歴は学生時代に高円寺の『中華料理 大陸』に通ったことから始まるが、カツ丼しか食べた記憶がない。一九八〇年当時、三〇〇円でカツ丼が食べられる店はそうそうなかったのだ。味はそんなにおいしくもなく、分厚い衣でボリュームを出しているため尋常ではない胃もたれに襲われる。そのため食べ終えた直後は後悔の念にかられるのが常だったが、しばらくすると無性に食べたくなってまた行ってしまうのだった。

親子丼や玉子丼はなかったと思う。あったとしても頼むことはなかっただろう。明らかにパワー不足だからだ。肉というより衣の有無が決定的なのかもしれないが……。

いまどきの学生は肉ごときで浮かれたりしないのかもしれない。でも、昭和の貧乏学生にとって、肉をたらふく食べるのは贅沢の極みであり、カツ丼はごちそうの部類だった。町中華に安価なカツ丼があったら気分はワクワクし、何度か繰り返すうちに町中華はカツ丼が安価で食べられる店という刷り込みが完了してしまう。そうなれば感覚的にはオヤジ客と一緒だ。

カツ丼が食べたいならそば屋に行けばいい？　そこは微妙に違うのである。そば屋のカツ丼は品があるが、町中華のカツ丼は野蛮で、中華メニューに合わせているから盛りも良い。それに、客層が違う。町中華は男だらけで、一九八〇年当時は年齢層も若かった。店の人たちも気さくで、滞在時間三〇分程度であっても、寂しさを紛らわせられる気がしていた。

ごちそう感と野蛮さを兼ね備え、高度成長期には和食でありながら町中華の人気メニューにのし上がったカツ丼だったが、ただひとつ残念だったのは、ラーメンなどと組み合わせられるような器用さに欠けたことだろう。あくまでも和食単品メニューのナンバーワンなのだ。

いまどき、肉を安く食べたければ選択肢はたくさんある。しかも、牛丼などはカツ丼の半額で食べられる。肉＝ごちそう、の意識も薄れ、強さを象徴するものは、辛さやデカ盛りに移っているいま、カツ丼を扱う店は少しずつ減っていくかもしれない。でも、どうか踏ん張ってほしい。壁から名前が消えてしまうことは想像したくないのである。町中華という、なんでもアリの昭和の食文化を象徴する和食メニューとして、最後まで共にあり続けてくれること。それが僕の願いだ。

カレーライスの万能感とオムライスの色気

カレーは明治時代にイギリスから日本に伝わり、明治の終わり頃には国内メーカーが製造を開始。それ以降、多くの企業がカレー粉や即席カレールゥの商品開発にしのぎを削ってきた。その勢いは戦後も止まらず、昭和二九年に現・エスビー食品が本格的な固形即席カレーを発売したことで人気が沸騰。昭和三〇年代に入ると、一気に家庭料理として普及していった。もともとはインドの料理だったが、日本人好みにアレンジされ、いまではラーメンと並び、国民食とまで言われるほどになっている。

昭和三〇年代は、町中華が黎明期から成長を重ね、店舗数を急激に増やす時期にピタリと重なる。各店舗が常連客の取り込みに必死だったこともあり、人気料理をすかさず提供したい店にとって、老若男女問わず人気の高いカレーライスは絶好の狙い目だったはずだ。

都合の良いことに、カレーライスは町中華が求めるパンチ力を十分に備えていた。どんなスパイスを使おうと、カレーはどこまでもカレーなのだ。その強さは味噌など物ともせず、豚汁にカレー粉を加えれば、それはもうカレーなのである。あのキムチですらカレーにはかなわない。しかも、味噌やキムチの風味もしっかり活かすときている。

セットメニューにも使えるカレーライス。
ラーメンとの組み合わせは破壊力抜群

そば・うどん業界も動いた。和風出汁が見事にカレーに合い、その味は「そば屋のカレー」として定着。カレーうどんなどの新商品にも結びつく。町中華も負けちゃいない。ラーメンスープを加えたカレーライスは客から何の抵抗もなく受け入れられ、めでたくメニュー化を果たした。スープを投入したことで、そば屋同様、独自の味に仕立てたのである。おかげで、カレー専門店がたくさんできても競合することなく、真似されることもなかったのだ。

カレーは器用さも持ち合わせる。強烈すぎるがゆえに単独メニューとしてしか機能しないカツ丼とは異なり、ラーメン＋ミニカレーなどのセットメニューとして活躍できたのだ。さらに他の食べ物にはないメリットがある。カレーが大嫌いな人がほとんどいないことだ。何人かのグループで町中華を訪れると、全員が中華気分ではないことがある。といってカツ丼は重いし、とくに女性は丼に消極的だったりする。そんなとき、この決め台詞が炸裂する。

「あ、カレーライスがいいかも」

こうした守備範囲の広さにおいて、もしかしたらカレーライスはラーメン以上の存在かもしれない。

＊

洋食屋で働いた経験を持つ店主が、深く考えずに始めたのが町中華のオムライスだろう。カレーライスと同時期にすでにあったと思われるが、守備範囲が広いわけではない。オムライスは家庭でひんぱんに作るものではないし、上手に作るには技術が必要。外食メニューとして安定した人気を誇っているのだ。読者は、チキンライスを卵で巻いた姿から子どもや女性客狙いのメニューだと考えるかもしれない。オムライス好きな僕も、なんとなくそんなふうに思っていたが、町中華を巡るうちに、間違いだと気がついた。

オムライスは〝三種の神器〟でもっともパンチ力に欠けるメニュー。味付けは町中華全体のなかでも優しい部類に入り、強さを求める若者にはそんなに人気が高くない。といって高齢者にはそれほどなじみ深い味ではなく、優しい味ならより淡白なタンメンが選ばれがちだ。女性と子どもはもともと数が少ない。消去法で考えると、調理にも手間がかかるというのに、洋食経験のない店主までもがメニューに取り入れようとする理由はオヤジ客がけっこう頼むからとしか考えられないのだ。

まさかと思ったが、観察を始めると四〇～五〇代のひとり客にオムライス派が多いではないか。おいしそうに町中華のオムライスを頬張るのは、断然中年オヤジなのである。

僕は最初、その原動力は懐かしさかなと思った。レストランでは頼むのが照れくさいけれど、町中華なら躊躇せず、子どもの頃に好きだったオムライスを注文できる。そういうことかと思った。

でも、あるとき気づいた。オムライスは町中華で唯一と言っていい、女性的な雰囲気があるメニューなのだ。だからこそ、パワフルな食べ物でもないのに、非中華メニューとして長年愛されてきたのではないか。

何それ、と怪訝《けげん》な顔をせず、ちょっと思い浮かべてください。町中華にあるのは最近流行のふわとろ型ではなく、チキンライスに卵を巻きつけた昔ながらのオムライス。全体的に丸っこく、柔らかく、ホクホクと温かい食べ物だ。うっすらと湯気が立ち上り、いい香りが漂ってい

オヤジたちが感動。
少女の髪飾り付きの清楚なオムライス

る。これに性別をつけるとしたら誰だって女性だと答えるのでは。

まあ、そんなことをする必要はどこにもないんだけどね。客は出てきたらパクパク食べるだけだ。でも、いったん女性に見えてしまうと、オヤジたちがつい頼んでしまうことにも、食べている表情が幸せそうであることにも説明がつく感じがして、僕は一時期、町中華へ行くたびにオムライスを食べていた。

すると、どこで食べても同じような味だと思っていたオムライスにも、店ごとの特徴があることがわかってきたのだ。理想的なオムライスは、肌（巻きつける卵）にハリとツヤがあり、一切のたるみがない。そこにケチャップという口紅が塗られた状態でテーブルに運ばれてくる。しかし、完成度の高い店ばかりではない。肌荒れ（卵の破れ）、厚化粧（ケチャップ多すぎ）、口紅のはみ出し（ケチャップこぼれ）など、形状がそれぞれ違うのだ。

僕が感動した店は、息子である店主が作ったオムライスを、母である女将さんが手で形を整え、グリーンピースを乗せて提供されたものだ。チキンライスをくるんだ細身のボディにケチャップの明るい赤が映えている。そして、グリーンピースはさながら少女の髪飾り。あれはスプーンを突き刺すことに罪悪感さえ感じたなあ……、考えすぎなんだよ！

さて、メニュー研究前半ではメニューで打順を組み、後半ではカツ丼、カレーライス、オムライスという〝三種の神器〟について考えてきた。個性的な食べ物たちがぶつかり合い、麺・飯・単品でバランスをとり、非中華メニューまで取り込んだことで、僕たちがイメージする町中華らしさが醸し出され、今日まで熟成されてきたのだ。取り上げなかったメニューにも酢豚やワンタンメンなど根強いファンのついているものが多く、まさに多士済々《たしさいさい》である。

今度町中華に行ったら、壁に貼り出されたメニューをゆっくり眺めてみてほしい。たとえば、麺類のトップは通常ラーメンなのに、タンメンが先頭に来ている店がある。その店がタンメンに自信を持っている証拠だ。一方やけにプッシュされているセットメニューは、人気があるというより店が売りたいメニューである可能性が高い。

町中華の店主はぶっきらぼうで寡黙なイメージが強い。しかし、そういう店に限って壁は雄弁だ。注文品が運ばれてくるまでの数分間、壁をニラミながら、どのようにしてメニューが固まっていったのかに思いを馳せるのは、僕にとって町中華探検の楽しみのひとつになっている。

3

絶頂の80年代、ギターを中華鍋に持ち替えて

独立組と老舗二代目が重なった第一のピーク

町中華の全盛期はいつなのか。この質問に答えるのは難しいが、現在に至る流れのなかで注目すべき時期は三度あった、と僕は考えている。

最初は一九五〇年代（昭和二〇年代後半から三〇年代前半）の黎明期。戦後の混乱期から脱しつつあったこの時期、さまざまなルートから大衆的な中華料理にたどり着いた人たちが店を持つようになったことは、これまでにも書いてきた。

ここからどうなっていったのか。老舗店などで聞いた話から推測しつつ、もう一度戦後からの流れを整理してみよう。

一九五〇年代に開業した町中華では、台湾や中国の料理

『丸幸』のご主人、
渡邊久さん。
店を開いたのは、
1987年だった。

焼酎
老酒
600
ボリュームたっぷり
ビールに最高
950

人や、戦前から飲食店で働いていた人たちが厨房の中心。従業員はいろんなルートから入ってきただろうが、初期は血縁関係や、店主の地元出身者など、なんらかのつながりを頼って集まるパターンが多かったらしい。それはそうだ。雇う側にしてみれば身元が確かであるに越したことはないし、雇われる側だって使い捨てにされたくはないもんなあ。

当時の町中華は、親方である店主とその家族、従業員たちが強く結びついた〝大家族〟。雇い主は、従業員用の部屋を用意して、共に暮らしながら一丸となって仕事に励もうとした。これは嫌でも絆が深まるし、従業員にしてみたらヤル気も出るシステム。ここにいれば腹一杯の飯が食えて、畳の上で眠ることができる。食事と住むところが保証されているのは大きなメリットだ。

目標設定もしやすい。自分の人生、ここを起点になんとか切り開いていかなきゃ。まずは中華の調理技術を覚えて一人前になる。そして、ゆくゆくは自分の店を持ちたい。その頃には結婚も考えたい。店を繁盛させて子どもに継がせたい。

マジメに働いていれば叶いそうな、程良くリアリティのある夢。そりゃ本気になるよ。ますます頑張れる。小遣い稼ぎのアルバイトとはモチベーションの高さが違う……。

従業員の独立が始まった一九六五年（昭和四〇年）前後からが町中華黄金期の始まりだ。

新しい屋号で自分の店を始める人もいたが、独立組が好んで選んだのは、働いていた店の屋号を使用する〝のれん分け〟だった。のれん分けは、チェーン店のように全体を統括する本部があって、それぞれの店で同じ味とサービスを提供するスタイルではなく、各店舗の裁量で自由に商売できる。そのため、町中華では独立独歩の気風が強かった。

町中華の店主には、同業者がどんな味を出しているか、メニューはどうなっているかを一切気にしない人がいる。不勉強というのではなく、修業した店の味をベースにし、変えない場合が多いのだ。ずっとその味でやってきたし、常連客もついていて、変える必要がなかったとも言える。仕込みから後片付けまで、町中華は見た目以上に忙しいので、他店を食べ歩いて研究する時間もなかったことだろう。

この傾向が町中華をおもしろいものにしたと思う。それぞれが一国一城の主として独自の進化を遂げた結果、バラエティ豊かな世界が築き上げられてきた。本来は和製ファストフード的な飲食店のはずなのに、店主の人柄が発揮されやすい。昼は食事、夜は酒と使い分けがきき、どっちが主という区別もない。食事は素早く提供されるのに、店主と客が延々と野球談義に花を咲かせていたりする。

僕は探検隊の活動以外にも、雑誌の取材・テレビ番組の収録であちこちの町中華へ行く。でも、これまで一度も、書くことや喋ることに困ったことがない。どの店にも、そこだけのドラマがある。いくら食べ歩いても飽きないのは、味も歴史も営業スタイルも店ごとにバラバラという特性のせいだと思う。

一九七〇年代の盛り上がりを経て一九八〇年代の絶頂期へ！

先述したように町中華の黄金期は、一九六五年（昭和四〇年）から一九七五年（昭和五〇年）にかけて始まった初代から二代目への代替わりによる新陳代謝と、初期従業員の独立による店舗数の増加で一気に加速していったと考えられる。町中華は全国に広まっていたから、都市部でも地方でも同じ現象が起きたことだろう。

時代もそれを後押しする。高度成長で景気が良く、建築ラッシュで現場仕事をする人がたくさんいた。戦後のベビーブームで誕生した子どもたちも二〇歳前後になり、町中華のメイン客層となってくれた。

一九七〇年の状況を想像してみよう。老舗店は代替わりを済ませたものの、初代もまだ現役で、二代目と一緒に厨房に入っている。この先も長く商売していく気満々だから、将来への投資と割り切って、ガタがきはじめた店舗の改装を行う気にもなれる。

一方、のれん分け・独立組も商売を軌道に乗せ、さらに数を増やそうとしている。店主の年齢層は三〇代が主流だ。景気は相変わらず好調。巷ではラーメン専門店も現れていたが、大衆向け中華部門の覇者は町中華で揺るがない。僕はこの、代替わりとのれん分け・独立組の台頭が重なる時期を、町中華史における第一のピークと呼んで差し支えないと思っている。

しかし、全盛期はまだ先にあった。競争の激化で不人気店が淘汰されても、それを上回る新規店が生まれていったのだ。理由は簡単。一九七五年以降になると、今度はのれん分け・独立組の店で修業した人が独立の時期を迎えたのである。またしてもタイミングを合わせたように、全国各地で新規店が増えるのだ。

そしてとうとう、世の中の活況ムードと歩調を合わせるように盛り上がってきた町中華に、第二にして最大のピークがやってきた。のれん分け・独立組の子どもたちが成長し、代替わりの時期がやってきたのだ。

時は一九八〇年代。ラーメン専門店に加え、チェーン店やファミレスなど、外食産業の主導権争いが勃発するなか、出前と常連客という強みを持つ町中華も地味ながら善戦。右肩上がりで絶頂に向かう日本経済の波の上で一歩も引かずに踏ん張っていた。町中華は数も多く、人気も高値安定している飲食業になったのだ。

その頃の勢力図を整理してみよう。

[老舗] 開業約三〇年。二代目が四〇代に差し掛かり脂が乗っている。
[のれん分け・独立組] 独立間もない新規店に加え、独立店の二代目も現れ、若さとパワー

で勢力を拡大。

だが、このような〝正統派〟だけで、ちょっとした町の駅前に立てばいくつも看板が目に入るほどの隆盛を極めることができただろうか。否である。町中華は、ソコソコの味、店舗、サービスでも手堅く儲かる業種。そりゃ経営上の苦労はあるだろうが、いったん地域に根を下ろしさえすればそう簡単にはつぶれない。あそこも、ここも、突出したものが感じられないのに常連客をガッチリつかまえている。だったらオレも一丁やってみるか……。

そう、町中華全盛期を後押ししたもうひとつの要素は、脱サラや商売替えを目論む人の参入だった。なにかと敷居の低い町中華は、他業種からの参入を誘いやすいジャンルだったところへ、一九八〇年代後半、日本全体を覆ったイケイケな雰囲気と金余りが独立志向者たちの背中をグイグイ押し、「いまがチャンス！」とばかりに前へ前へと進ませたのだ。

その雰囲気とはどんなものだったのか。八〇年代後半、僕は駆け出しのライターだったが、生活ぶりはショボく、好景気を実感することはなかった。いつの時代も、恩恵を受けるのは一部の人たちだ。町中華もたぶん同じで、ばんばん成長したのは事実だとしても、店を開き、軌道に乗せるには、コツコツがんばるしかなかっただろう。

全盛期とひとくくりにまとめるだけではなく、他業種から町中華に飛び込んだ創業四〇年前後の店にじっくり話を聞いてみたいと思ったとき、脳裏に浮かんだ店があった。僕がかつてよく利用していたJR中央線の西荻窪駅近くに店を構える『丸幸』にスポットを当て、一九八〇年代という町中華の絶頂期に迫ってみたい。

店主は逸話の宝庫

町中華探検隊を結成して以来、僕はチャンスがあれば店主に話しかけ、店の歴史やメニューの変遷などを聞くようになった。怪訝な顔をされても、知りたい欲求に任せて食い下がっているうちに、いい話が聞けることもある。何十年間も店を張っている店主の話には独特のリアリティがあって、どんなガイドブックにも載っていない逸話の宝庫なのだ。

たとえばこんな話である。一九七〇年代の千代田区神田神保町にはやたらと麻雀荘が多く、その割に出前をする町中華が少なかったため、夕方以降は大忙し。出前専門のスタッフも雇うほどだった。そして店主は、毎日のように出前に行く麻雀荘の女性経営者と恋に落ち結婚した。と、今度は女将さんが話し始める。再開発以降めっきり減ってしまったが、当時の神保町には小さな出版社、印刷所、写植屋、製本所がたくさんあって、麻雀荘はそんな人で賑わっていたという。

「何か商売がしたくて麻雀荘を選び、店も流行っていたのに、なぜか中華屋の女将になっちゃったのよねぇ」

二〇代の女性が麻雀荘を経営しようと思い立ったのは、神保町という町が〝健全な喧騒〟に満ちた場所だったからだろう。僕が神保町の編集プロダクションでバイトを始めた一九八〇年代前半も、まだそんな雰囲気が残っていたように思う。あの頃、麻雀荘に行っておけばよかったなあ。

取材の本筋には関係ない、個人的な話だけれど、聞いているうちに麻雀牌をジャラジャラかき混ぜる音が頭の中に響き、僕は見たことのない光景を楽しく思い浮かべるのである。

とはいえ、町中華探検隊を結成する以前の僕は、店主に話しかけるなんてしたことがなかった。カウンター席より、店主から離れたテーブル席が好きで、座ると即注文。テレビがついていればぼんやり眺め、なければ新聞か雑誌を探す。それもなければ文庫本を取り出して読む。料理が出てきたら黙々と食べてサッと席を立ち、会計を済ませて外へ出る。滞在時間は二〇分もあれば十分。常連客が店主と楽しそうに話をしていても、耳をそばだてることはない。その頃の僕は、ひとり静かに腹を満たす場所としてしか町中華を利用していなかったのだ。

町中華で聞きかじる一九七〇年代以前の西荻窪

しかし、一軒だけ例外があった。それが西荻窪の『丸幸』である。僕は二〇一六年の春まで西荻窪に事務所を構えていたのだが、駅まで向かう途中にある唯一の町中華がこの店だったのだ。

『丸幸』はカツ丼やオムライスは扱わず中華メニューだけで勝負する店だ。生活導線上にあるし、味が好みに合う。それでときどき寄っていたが、しばらくは食べたらすぐ出る客だった。顔を覚えられ、「毎度ありがとうございます」などと声をかけられると入りにくいではないか。

また、夜になると一杯やる客が多くなり、常連率が高くなるのも特徴。町中華探検隊では飲

『丸幸』の外観。種類はさまざまだが
手入れの行き届いた植木たちが印象的

み屋としても機能している店を〝飲み中華〟と呼び、ひとつのジャンルと捉えているのだが、『丸幸』にもそんなところがある。グループでにぎやかにふるまう客は少なく、ひとりで来て餃子をつまみにビールを飲み、テレビで野球観戦などしつつ店主と雑談。頃合いを見て〆に小ラーメンを頼むような客が中心だ。

どことなく哀愁が漂う彼らは、夜の町中華に欠かせない存在。彼らがいるだけで日常感がぐんと増す。年齢層は高い。居酒屋のように騒ぎ立てるわけでもない。会話もそんなに盛り上がるわけじゃなくて、昔話とプロ野球と近所の

噂話でほぼ成り立っている。しょっちゅう顔を合わせるメンバーが、家でひとり飲みもつまらないとやってくる店に、大きな話題など必要じゃないのだ。

月に一度のペースでも、何年か通っていれば常連客の顔ぶれはわかるようになってくる。友だち相手のように会話をする店主や女将さんとのやり取りにも慣れてくる。

ある晩遅く、たまたまカウンター席に座ったら、昔の西荻窪がどうだったかという話が始まった。僕が頼んだ味噌ラーメンを作り終えると、注文が一段落した店主もビールグラス片手に参戦。その話がおもしろいのだ。

曰く、高架ができる前の駅前には踏切があり、夜になると、勤め人や途中下車して一杯やる人をゲットすべく、飲み屋の店員が踏切の向こうで待ち構えていた。和服姿の綺麗な女性店員もいたりして、踏切待ちの間にどの店に行こうかと考えるのが楽しかった。

曰く、西荻窪駅は改札が荻窪寄りの一カ所だが、吉祥寺寄りにもう一カ所作る計画があると噂されていた。ちょうどその頃、物件を探していた店主は、改札が増えたら絶好の立地になると思い、現在の場所に出店を決めたが、待てど暮らせど改札はできない。おかげで『丸幸』は開店以来ずっと、人通りの少ない裏道で営業している。

こういう話を詳細に語られたら反応せずにはいられない。最初は笑っていただけだったが、そのうち質問までして根掘り葉掘り訊いてしまった。わが町中華人生で初めて、食べ終えてから三〇分も居座ったのである。

この夜以来、店を出るときかけられる言葉は「ありがとうございます」から「毎度どうも!」に昇格。食べにいくと「今日は暑いね」といった挨拶もされるようになった。後に聞いたことだが、客のなかには話しかけられるのを嫌がる人もいて、僕もそのひとりだと思っていたらしい(実際そのタイプだった)。

北尾が好きな『丸幸』の味噌ラーメン。
大きな丼で食べごたえ満点だがくどくない

僕と『丸幸』は徐々に親しくなり、松本に住み西荻窪の事務所と行き来していることや、どんな仕事をしているかといったことも話すようになった。わざわざ話す必然性はないけど、何者かを隠す必要性もまたないからだ。そうなると、町中華巡りを始めたことも言っておきたくなるし、事務所を引き払ってからも、西荻窪に来たときはご主人や女将さんに会いにいきたくなる。

そして僕は思ったのだ。一九八七年に開業した『丸幸』の歴史は、町中華最後のピークと重なる部分が多いのではないか。断片的なエピソードだけではなく、ひとりの男が高度成長期からバブル期を駆け抜けてきた物語として、じっくり話を伺ってみたい、と。

一九四六年生れ、団塊世代のご主人は七〇代。いまのところ鍋を振る動作は軽快で、年齢を感じたことなど一度もないが、最近は前ほどガンガン飲めなくなったと言っている。後継者のいない『丸幸』は、ご主人がやめようと思ったらそれでおしまい。店がなくなれば僕との接点もなくなる。詳しく話を聞くなら現役バリバリのいまがいい。

二二年間、流しの歌手だった！

「オレはもともと飲食業に興味があったんじゃないの。福島県の田舎で育ったんだけど、夢があった。それは、歌手になること」

ご主人の渡邊久さんの思いがけない告白にビックリした。そうか、歌手に憧れていたのか。のど自慢大会で優勝したりとかしたのだろうか。

「全然。ただ歌が好きだった。三橋美智也とか、当時の流行歌手に憧れて、オレは歌手になるために東京さ行こうって決めた」

大胆というより無謀だ。しかしこれ、実現するのである。修業らしいこともせずに一八歳で上京した渡邊さんは、本当に歌手になるのだ。

「当てはあったの。新聞の広告を見て連絡し、それから上京したからね」

渡邊さんが見たのは、流しを派遣する芸能事務所が出した歌手募集広告。ぼんやりと思い浮かべていたのは、いま風に言えばバンドのボーカリストだったらしいが贅沢は言ってられない。流しが何をするかもわからないまま、歌手になれるならと、練馬区上石神井にあった芸能事務所の門を叩いた。

「流し専門のところでね、所属歌手も二〇人ほどいたんじゃないかな。話聞いたら、飲み屋を回ってリクエストに応えて歌う仕事。やった、歌手になれる。ぜひやらせてくださいとお願いしたよ」

カラオケなどない時代。それでも人は、飲めば歌を聞きたい、歌いたい。流しの歌手はそうした要望に応えるべく、店から店を回って客の注文を受けてギターを弾きながら歌うのだ。いまでは絶滅したに等しい稼業だが、それ専門の芸能事務所まであり、一九七〇年代あたりまではプロとしてやっていけるだけの需要があったのである。

「歌うことしか考えてなくてギターが弾けなかったんで、毎日二時間練習して覚えた。事務所の社長が師匠で、半年かそこら教えてもらった。最初は横浜市の綱島の友だちのところに居候したんだけど、遠いので一カ月で出て、住み込みの弟子にしてもらったの。行くとこないならウチに来いよって。師匠にはずいぶん世話になったよ」

なんとかギターを覚え、曲が弾けるようになると、先輩にくっついて実地練習。それが終わるともうひとり立ち。所属歌手・渡邊久の誕生である。担当地区は中央線の中野〜西荻窪間と決められ、飲み屋街を歌い歩く日々が始まった。

ギャラは完全歩合制で、事務所と歌手で折半するシステムだった。料金は二曲で一〇〇円だったという。デビューした一九六四年、公務員の大卒初任給は一九一〇〇円。週刊誌の値段が五〇円だったから、一晩に二〇組のリクエストがあれば手取り一〇〇〇円の流しは悪くない収入だ。そうやって実力と資金を増やしながら本格デビューを狙ったのか。

「いや、オレは別に流行歌手になろうとしたんじゃなくて、歌手になれればよかったの。稼げたし、お客さんに飲ませてもらえるし、流しで満足だったね。若かったせいもあって、けっこう人気があったんだよ。店行くと、よぅ待ってたよ、アレ歌ってくれよ、なんて。飲み屋を回る流しは、酔っ払いの話を聞いているから、意外に世の中の流れに敏感なの。あの頃は景気が良いというか、明日は今日より良くなると信じられた時代だったのかな。チップもよくもらったのさ」

なかなか中華の話にならないが、仕方がないのである。なんと渡邊さん、四〇歳になるまで、二二年間も流しをやっていたのだ。二〇代で結婚して家庭を持ち、ローンを組んでマンションを購入。稼ぎも絶好調でやめる理由がなかった。その後、カラオケの登場で需要は減るが、お得意さんをガッチリ持っていたため、急に失速することもなかったという。

「流しは、やめてから飲み屋をやる人が多いんです。わかりやすいでしょ。でも、先輩たちを見ていたらだいたい失敗してる。修業もせずに始めることが多いし、客と一緒になって飲んじゃって、カラダを壊す人もいたよね。だから、飲み屋はダメだなと。といって、歌しかやってこなかった自分に何かできるとも思えず……」

なかなか将来設計をしない渡邊さんに業を煮やしたのが、姉さん女房の泰子さん（女将さん）だった。流しという職業はいつまでもできることではない。余力のあるうちに次の道に踏み出さないと危険だという思いから、何か資格をとることを勧め、一九七六年に調理師免許を取得させていた。仮に飲み屋をやることになるとしても、飲ませるだけの店では繁盛しないと考えたのだ。

この判断がポイントだった。一九八〇年代に入って、予想どおり流しがカラオケに押され始めると、泰子さんはこの先の人生をどうするつもりなのか、せめて目標なり計画を出すよう久さんに迫る。

「三七歳だったから一九八三年頃かな。どうすんの、なんて言われてさ、思わず言っちゃったんだよ。ラーメン屋やるって」

唐突だ。それ、本気で言ったのか。

「正直言って苦し紛れだった。自分で驚いたもん、オレ、ラーメン屋になるのかって（笑）。でも言っちゃったものはしょうがない。やろうと決めて動き出したよ」

重い腰を上げ、修業先を探す。つてを頼り、神田神保町の名店『伊峡』で働かせてもらえることになった。なるべく早く独立したいと伝えて、皿洗いや出汁のとり方からスタート。夜は流しをしていたから、睡眠不足でフラフラになりながら仕事を覚えていく。

だが、ここが勝負どころという気持ちの強さでは泰子さんのほうが上だった。それなりに貯蓄はしてきたが、商売をするには資金が足りない。といって、亭主は限界まで頑張っている。どうしたか。子育てと家事に追われつつ、新聞配達のアルバイトを開始するのだ。

鍋の振り方は風呂場で会得した

三年の修業を経て、渡邊さんは『丸幸』を開店する。僕がおもしろいと思うのは、渡邊さんがイメージした店がラーメン専門店ではなく、町中華スタイルの店だったことだ。

二〇一九年のいま、ラーメン屋をやりたい人が思い浮かべるのは、間違いなく専門店のほうだろう。でも、一九八〇年代なかばはまだ、ラーメン屋＝町中華のことだった。専門店はすでにあったけれど、駅前のいい場所に陣取っていたのは町中華だったし、流行ってもいた。また、専門店を名乗る店でもラーメン一筋のところは少なく、たいていは炒飯を始めとする飯類や、ラーメンとそれらを組み合わせたセットメニューを取り入れていて、実質的には町中華と言ってよかった。ラーメン屋を目指す渡邊さんが、幅広いメニューを備えた店を思い浮かべたのは、ごく自然なことだったのだ。その事実が、全盛期を迎えていた町中華の状況を物語っていると思う。

それにしても、初期の町中華では修業期間一〇～二〇年で独立するのが相場だったことを考えると三年間は短い。これはよほどがんばったなあ。

「そうだねえ。私は怠け者のほうだけど、あの頃だけは自分でもよく働いたと思うよ。昼間は店で、夜は流しでしょ。とにかくいつも眠かった。でも、三〇代後半で家族もいたから必死だったよね」

歌手になりたくて、一八歳で上京したときとは状況が違う。女将さんもその気になっているし、引くに引けない。

「カアチャンのプレッシャー？　そりゃあったよ、ははは。新聞配達してがんばってるんだからさ、自分もやめられないぞと思うでしょ」

世の中は好景気で、バブル時代を迎えていた。それはそのとおりだけれど、誰もがいい思いをしていたはずはなく、放っておいても成功できるわけでもない。地力をつけるには地道な努力を積み重ねるしかないのだ。

でも、具体的には何をしたのだろう。学校じゃないのだから、修業先では手取り足取り教えてはもらえない。皿洗いや掃除、せいぜい野菜を切るなどの仕事が与えられるだけだ。出汁のとり方や調理の手順は見ていればわかってくるとしても、実戦のカンを磨くことは難しそうである。

「師匠のやっていることをよく見て盗むというのかな。真似ですよ。こうするのかな、なんて想像しながら自分でやってみる」

家庭用のガスコンロでは火力が違うから、同じようにできないのでは？

「そう。味付けなんかは真似できてもぜんぜん違うものになっちゃう。というか、私が家でやっていたのはもっと基礎的なことです。たとえば鍋振り。あんな大きくて重たい中華鍋なんて振ったことないからね」

どうやったら師匠みたいに軽々と扱えるのか。中華鍋を買って自宅でやってみても、まるでうまくいかない。本当に難しい。しかし、鍋が振れないようでは店など開けるはずもない。で、渡邊さんは何をしたか。流しの仕事を終えて帰宅した後や店の定休日になると、中華鍋を持って風呂場にこもるのである。

「塩とか濡れタオルを鍋に入れてひたすら振ってました。重さに慣れる意味もあるし、手首の使い方などを覚えられる。塩は重さもあるし、安いのでよく使ったなあ。ただ、シャカシャカうるさいのよ。だから風呂場でやる」

カラダでリズムがとれるようになるまでは、すぐに腕が疲れてしまったが、コツをつかむにつれ、長時間の鍋振りが可能になったそうだ。一事が万事で、野菜を切る技術も、調理の段取りなども、『伊峡』で記憶したことを自宅で復習していく。渡邊さんには時間がなかったから、そうするしかなかったのだ。

女将さんの泰子さんは、それを見てシメシメ本気になってきたぞと？

「あはは、それじゃ私が無理やりやらせたみたいじゃない。ウチの人が実直な性格なのは知っていたわよ。私は私で新聞配達して子どもの面倒見なきゃなんないでしょ。もう、毎日が戦争みたいだった」

かつての風呂場トレーニングの成果が
いまも味に生きている

料理のことはご主人の担当。資金調達の計画と管理が女将さんの担当。店を開くという目標を達成するため、役割を分担してがむしゃらに働く日々だったという。

「本当に店なんて持てるんだろうかって不安と、やるしかないという気持ちの両方がせめぎ合うの。私は借金して店を出したくなかったの。景気のいい時代だったから借りられたかもしれないけど、家のローンがたっぷり残っているのに、そんなことをしたら絶対失敗すると思ってた。でもよく働いたと思いますよ。店を始めてからも働き通しだ

明るくてしっかり者で、
若々しい女将さん

けど、あの三年間は特別。二度とできない。思い返しても、よく倒れなかったなと思います」

開店資金のメドがついたところで物件探しがスタート。西荻窪の賃貸物件に候補地を絞り込んだ。すでに触れたように、目の前に新しい改札口ができるという噂を聞いたせいでもあるが、決め手となったのは居抜きで使える物件だったこと。ここは以前、食堂があった場所で、閉店して時間が経っていたため汚れていたが、しっかり者の女将さんは、掃除をすれば内装に金をかけずに開業できると考えたのだ。

「業者になんか頼めないから、床磨きから自分たちでやりました。一カ月もかかっちゃったわよ」

内装工事をせずに節約した分は厨房設備に使った。他のことは改装したりしてやり直しが利くけれど、厨房はそうもいかない。店にとって要となる料理を作る場所だからだ。設備の位置やサイズによって、渡邊さんの動線も決まってくるため、長く使える良い設備を入れることにした。賃貸契約料や備品も含め、なんだかんだで一二〇〇万円かかったそうだ。

家族が食っていければいい

一九八七年、三年間の修業期間を経て『丸幸』がオープン。メニューの種類は当初から麺類を中心に飯類、定食、単品まで揃えたという。

やるからには最初からと力んだわけじゃなく、そうするのが合理的だから、何の迷いもなかった。主力商品のひとつであるタンメンには、キャベツやニンジン、タマネギやもやし、豚バラ肉などを使うが、同じ構成で野菜炒めができる。餃子で使うひき肉は味噌ラーメンでも使う。材料を使いまわして使い切れば、常に鮮度のいい肉や野菜で調理できて味もいいのだ。値段は、ラーメンを当時としても安い三五〇円に設定し、それを基準に決めていった。修業先の『伊峡』がそうだったからだ。自分のレベルで、師匠の店より高い値段を付けるわけにはいかないではないか。

うっかり「ラーメン屋になる」と宣言したことが現実のものとなる。店主になった渡邊さん、気分はどうだったのだろう。

「いまもけっこうあるけど、当時は中華屋がたくさんあったから、素人に毛が生えたくらいの経験しかないオレの店に来てくれる人がいるんだろうか、とは思ったよね。でも同時に、なんとかなるんじゃねぇかな、とも思ってた」

根拠もなく楽観的になれる。それこそ時代の恩恵だろう。数カ月前まで、中央線の飲み屋街で流しをしていて、景気の良さを肌で感じていたのだ。

「高望みはしてなかったから。人を使って、ゆくゆくは支店を出して、大きくしていこうとは思わなかった。家族が食っていければそれでいい。それくらいなら自分にもできるだろう。そういうふうに思ってた」

四〇歳から始まった第二の挑戦。緊張の面持ちでオープン日を迎えたら、あら嬉しや、切れ目なく客が入ってきて順調なスタートとなった。『伊峡』のご主人もわざわざ来店。弟子が作ったラーメンを食べ、「これならいい」と合格点を与えてくれた。これは内心不安だった渡邊さんにとって、飛び上がりたくなるような一言だった。

それにしても、宣伝費を掛ける余裕などなく、裏通りでひっそり始めた店がどうして賑わったのか。新しもの好きな住民がチェックしに来たのか。

「知り合いですよ。流し時代の常連のお客さんや、歌手の仲間が来てくれたの。とくに常連の方ですね。これでも私、けっこうファンがついていたんですよ。長くやってもいたし、そういう方がある程度来てくれると期待してはいたんだけど、嬉しい誤算がありました。みんな、友だちを連れてきてくれたんです」

知り合いの流しの歌手が店を始めたから一緒に行こう。気に入ったら贔屓にしてやってくれ。

飲み仲間をたくさん持つ、地元で影響力のあるオヤジたちが、頼みもしないのに宣伝マンになってくれたのだ。

ただし、渡邊さんは、ファンから「一曲頼む」とせがまれても歌うことはしなかった。自分は流しを引退してラーメン屋になったのだから中途半端なことはしたくないと一線を引いたのである。飲み屋に転身して失敗する先輩を見てラーメン屋を志したのに、店で歌ったりしたら意味がない。

また、リクエストをはねつけたのは、歌手への未練を断とうとする意志の表れでもあった。開業してからは、愛用のギターを自宅にしまい込み、触ろうともしなかったそうだ。

「おかげさまで開店早々忙しくなって、てんてこまいの毎日だったね。張り切って出前もやったんだ、二年間。注文はたくさんきたよ。でも、夫婦だけでやってるでしょ。出前すれば儲かるけど、カラダ壊しかねない。人を雇うか出前をやめるかとなって、やめちゃったんです」

歌いはしないが、仲のいい客が来れば一緒に飲むことはある。一日の大半を厨房内で過ごす渡邊さんにとって、酒は最大の息抜きなのだ。かつては酔って店に泊まってしまうこともよくあったらしい。『丸幸』に限らず、町中華ではのれんを下げた後でも人の気配や笑い声がすることがあるが、あれは店主となじみ客が一杯やっているのかもしれない。

「四〇代なんて、いまから思えば若いよね。疲れてもすぐ回復できるから飲みすぎちゃってね。でも楽しかったよ。充実感があったね」

一九九〇年代に入るとバブルが弾けたものの、町中華のように生活に密着した商売に大きな変化はなかった。開店してから知り合った客がなじみとなる頃には、渡邊さんも女将さんも商売が板につき、店は完全に軌道に乗っていく。

「お客さんたちが盛り上がって『丸幸会』というのを作ってくれてね。我々の商売は休みが少ないでしょ。定休日には家のことをしなくちゃいけなかったりで旅行もできない。そこで年に一度、『丸幸会』で旅行に行こうと。嚴島神社とか行きましたね。あと、バーベキューに出かけたり」

三〇年ぶりにギターの練習を始めたんだよ

『丸幸』は二〇一六年に三〇周年の節目を迎えた。その年月は、たとえば店頭にわんさか置かれた鉢植えに表れていると女将さんが笑う。

「常連の方が引っ越すとき、うちに持ってくるんですよ。捨てるのは忍びないから面倒見てくれって。頼まれたら断れないし、花も好きだから引き受けるうちにこんなに増えてしまったのよ」

店頭にやたら鉢植えがあるのは町中華の特徴のひとつなのだが、そういう理由もあったのか。たしかに統一感のないところが多いなあ。

「お客さんの置き土産です、ははは」

後継者になるはずだった息子さんが早世したため『丸幸』は一代限りの店となる。七〇歳を超え、体力の衰えを感じることもあるけれど、調理の素早さ、テンポの良さは健在だ。掃除の行き届いた店内も、初めて来たときと変わらない。とくに厨房のピカピカぶりには惚れ惚れすると言ったら、女将さんが「気づいてくれて嬉しい」と身を乗り出した。

「夫婦で店にいる時間が長いのに、そこが汚れていたり不潔だったら、お客さんだけじゃなく自分たちも嫌じゃないですか。この人（ご主人）のいいところはきれい好きなところ。手の届くところは天井まで、いつも磨いているんです。北尾さん、厨房に入ってみます？」

広々とした厨房にはゴミひとつない。大量の油を使用するのにどこを触ってもベトつかない。鍋や食器も磨き抜かれている。感心しながら振り向くと入口が正面に見えた。

天井まで磨き上げられた厨房。
清潔なお店は繁盛しているところが多い

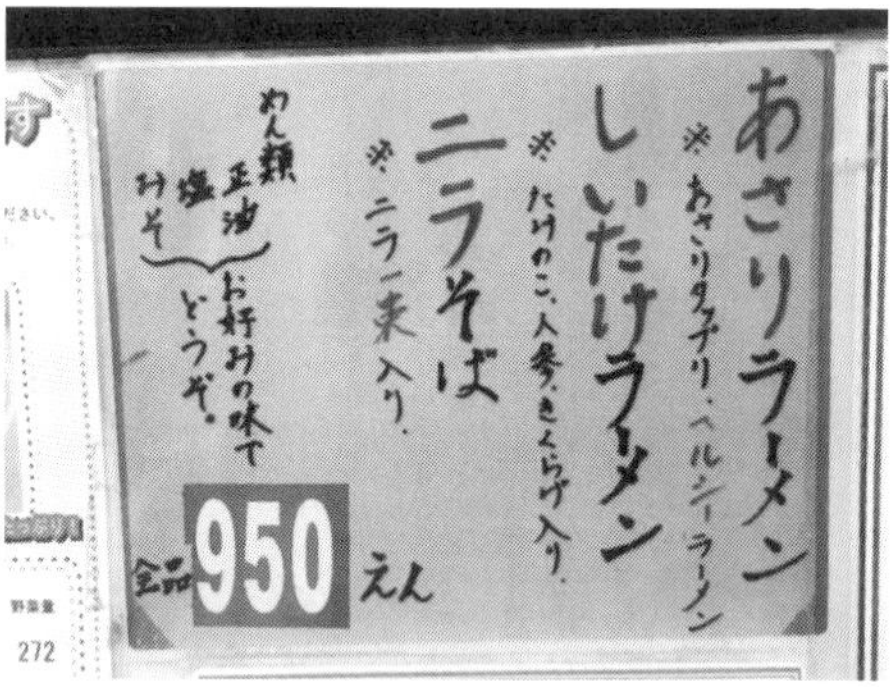

後継者になるはずだった息子さんが考案した
直筆のヘルシーメニューがいまも大切に使われている

カウンター席もテーブル席も視野に入り、客の動きがひと目で把握できるレイアウトになっている。なんだかいい気分だ。まさに「オレの店」という感じがする。

席に戻って女将さんと雑談していたら、渡邉さんから声がかかった。

「じつは最近、ギターを店に持ってきて練習してるんですよ」

え、ここにあるんですか。見せてください！

頼み込んで、ギターを手にしてもらった。さすがは元歌手。サマになる。じゃらんと鳴らすと、ファンから頼まれても決してつまびかなかったギターの音色が店内に拡がった。

ギターや歌をまた楽しむ気になれたのだとしたら、大きな心の変化だなあ。きっと渡邉さん、封印を解いてもいい頃だと思ったのだ。吹っ切れたのだ。

歌手になりたくて福島県の田舎から上京した一八歳の少年は、中央線沿いの飲み屋で流しの歌手になった。しかし、二二年後、町中華の店主に転身し、歌をあきらめる。青春の思い出が詰まったギターをもう一度弾こうと思ったのは、懐かしさからだけではないだろう。自信があるからだと思う。いくら弾いても歌っても、『丸幸』のオヤジである自分の気持ちは揺らがない。

そして、おそらくこうも思っている。

あのとき、「ラーメン屋になる」と言って良かったな、と。

第三章

町中華よ

何処へいく

太陽はまだ沈まない

❖

伝説の人、山岸一雄の味を求めて『お茶の水、大勝軒』の挑戦

豪華メンバー勢揃い！　丸長のれん会の親睦会

二〇一八年の初頭、ＪＲ新宿駅のホームを歩いていると、『下北沢丸長』の深井正昭さんから電話がかかってきた。「丸長のれん会」の集まりに、町中華探検隊も参加しないかと言う。

「昔はよくのれん会の仲間で集まったものだけど、最近はそういう機会も減ってきたでしょう。それで、たまには集まって飲んだり食べたりしようって動きがあってね。次回はウチでやることになったの。あなたたちがウチのことを書いた記事を読んで、興味を持っている人もいるからさ、良かったら（副長の）下関マグロさんも誘ってきてほしいんだけどどうかな」

丸長グループの親睦会を丸長の店舗でやるのか。

「うん、持ち回りでやろうってことになった

んだよ」

居酒屋で開催すれば手間も省けるが、互いの店を訪問することはめったにないので、どうせなら店で、となったらしい。探検隊のことを、のれん会のメンバーに紹介したい。そうすれば、僕たちの今後の活動にも何かプラスになるんじゃないかと深井さんは考えてくれているようだ。こんな嬉しいことはないので、その場で「必ず行きます」と返事をした。

当日の夕方、下北沢駅でマグロと待ち合わせて、『下北沢丸長』に向かった。のれんは下げられ、準備中の札がかかっている。会費がわずか二〇〇〇円なのは、深井さんからの「今日は商売抜きだ」というメッ

2006年、山岸一雄さんの
『東池袋大勝軒』から
独立を決めた
『お茶の水、大勝軒』の
田内川真介さんの
“卒業記念写真”

セージだろう。

店内には二〇人以上いるだろうか。挨拶しようと探したら、ホスト役の深井さん夫妻は厨房の中で忙しそうに働いていて、料理をすべて手作りで提供するとのこと。深井さんにとって今日の親睦会は、『下北沢丸長』の味を仲間に楽しんでもらう機会でもあるのだ。作り置きやケータリングに頼る気がないところに老舗の意地を感じるとともに、屋号は同じでも店ごとに味が違う、町中華におけるのれん分けの特徴を思い出す。

簡単な自己紹介が行われ、本店の『荻窪丸長』、『目白丸長』、群馬県から駆けつけた『伊勢崎丸長』など、錚々《そうそう》たる顔ぶれであることがわかった。

「すごいところに呼んでもらったね。店も忙しいのに、丸長の重鎮がこんなに集まるなんて貴重だよ。しかも、店主以外のお客も豪華っていうか、フォロワーが一万人以上いるようなSNSの有名人ばかりだよ」

興奮を抑えきれないマグロが耳元でささやく。我々の周囲には丸長ファンが一〇名ほど座っているが、彼らは人気食べ歩きブロガーだったり、ラーメン評論家だったりするらしい。

「司会をしているのは『お茶の水、大勝軒』の小汲《おぐみ》哲郎マネージャー。さらに『中野大勝軒』の坂口光男さんもいる。彼は現在の丸長のれん会会長なんだよ。いや、だけどやっぱりすごい。店の外で会えることなんて通常ないからね」

さっそくひと回りしてきたマグロが汗を拭い、ビールを口にする。なるほど、『東池袋大勝軒』を興した山岸一雄さんが丸長出身であるだけでなく、大勝軒グループの一部は「丸長のれん会」メンバーでもあるのか。考えてみれば、『大勝軒』は山岸さんが興したのではなく、店長を務めた丸長系の『中野大勝軒』からスタートしているから不思議でもなんでもないが。

「そうそう。ボクも知識としては知っていたけど、こうして目の当たりにすると、町中華の歴史が凝縮された集まりに見えてくるよね。キミも食べてばかりいないで挨拶に行かないと」

言われて席を立ち、何人かの店主に挨拶に行く。そこで感じたのは、店主それぞれが今日のこの集まりを楽しみにしていたことだ。ある人は「かつてはこんなもんじゃなかった」と往年の飲み会を懐かしがり、ある人は「こんなふうに集まっているのれん会は、あまりないと思うよ」と胸を張る。

坂口会長の隣が空いたので座り、思い切って尋ねてみた。ここ数年で急速に広がりつつある町中華という呼称について、呼ばれる側はどう思っているのか、ずっと気になっていたのである。

「わかりやすくていいと思いますよ。言葉が広まって、我々のような店に興味を持ってもらえることはありがたいことです」

ああ良かった。そう言ってもらえただけで、ここに来た甲斐があった。

元の席に戻ると、酒が入って饒舌《じょうぜつ》になった隣のブロガーに話しかけられた。

「丸長の集まりは雰囲気が最高なんですよ。堅苦しくないし、僕らのような部外者まで、日頃世話になっているからと声をかけてくれる。世話なんてしてなくて、旨いから食べにいってるだけなんですけどね。僕らはただの応援団ですから」

〝応援団〟も参加する理由

「丸長のれん会」は、どうして外部に門戸を開くのだろう。『下北沢丸長』の名物・絶品レバニラ炒めをつまみながら、素朴な疑問が頭に浮かぶ。

第一章に書いたように一九六〇年代ののれん会は丸長関係者だけで野球大会が開けるほど活気があったと深井さんから聞いていた。親睦会の目的が慰労と交流だとすると、各店の経営者や従業員が集まるだけで、その目的は達せられただろう。創業当時から苦楽をともにした経営者は親戚関係でつながった人も多かったから、ときどき会って話すことは情報交換だけではなく、結束を固める上でも意味があったはずだ。

一方、従業員は地方から来た若者が多く、一日の大半を店で過ごす生活サイクル。同世代の仲間と会うことは、スポーツであれ飲み会であれ、息抜きとして必要なことだった。そこに外部の入り込む余地はない。

しかし、新規独立店が増えることで広がっていったのれん会の輪にも限界がある。町中華のピークは一九八〇年代までで、丸長グループとて例外ではないのだ。

多くの従業員を抱える店は減り、高齢化の波で店を閉じるところも出てきた。修業後独立を果たした店主たちには、親族を軸とした時代のような濃厚な人間関係は望めず、独立独歩の傾向が強くなって、活動も低調になっていったと思われる。このままでは「丸長のれん会」危うし！　おそらく坂口会長たちは危機感を抱いたに違いない。

ここまでは想像がつく。ではなぜ、本来仲間内のものであるのれん会の集まりに〝応援団〟が参加しているのだろう。

店内の様子を眺めて思うのは、店主たちと応援団の間に壁らしきものがないことだ。まあ、応援団のなかには憧れの店主を前にガチガチに緊張している人もいて微笑ましいのだが、多くはのびのび喋り、もりもり食べて飲んでいる。店主は気心知れた仲間と喋りつつ、応援団に話しかけられれば嫌な顔ひとつしないで受け入れる。ファンサービスめいた演出はゼロ。会費も一緒。まったく同等だ。のれん会メンバーの気質がそうさせるのだとしても、外部に門戸を開いていこうという気持ちがなければできることではない……。

「あっ」と声を出しそうになった。僕は根本的な思い違いをしているのではないだろうか。

店主の高齢化などで閉店する店は後を絶たず、新規出店がほとんどない町中華は、とうに全盛期を過ぎ、消えいきつつある昭和の食文化である。戦前からの流れを追ってみても、大筋において間違った見立てではないと思う。

それは町中華だけのことではなく、個人商店全体に言えることかもしれない。いつしかチェーン店ばかりが立ち並ぶようになり、駅前の光景はどの町でも似たり寄ったりになってしまった。効率重視のチェーン店が幅を利かせ、均一の味とサービスに慣れた客が多くなり、昔ながらの商売は「懐かしの○○」、つまり過去のものとして扱われがちとなる。

それでも中華は、専門店化という方法で人気をキープしてきた。ラーメンは国民食と言われるまでになり、ミシュランの星を獲得する人気店まで出てきた。日清食品創業者の安藤百福《ももふく》のインスタントラーメン開発物語がNHKの朝ドラになったのは記憶に新しい。つけ麺もいまや定着し、専門店が味を競い合っている。

僕は専門店の人気を嘆く町中華店主に会ったことがない。いま新たに勝負をかけるなら自分もそうすると、みんなが言うのだ。理由はひとつ。多くの食材を使い、多彩なメニューを提供するビジネスモデルは、もはや古くなってしまったからだ。日々客と接している店主たちは現実主義者。町中華にはレトロな魅力が詰まっているなどと言おうものなら、苦笑交じりにピシャリと言われる。

「昔みたいに儲かる商売じゃないからね」

いつしか僕は、そんな対応に慣れてしまったのだろう。「丸長のれん会」についても、役割を終えつつある老舗たちが昔話に花を咲かせる〝同窓会〟という偏見を抱いていた。けれど今日の集まりを見て、そうではないことがわかった。規模が小さくなったなら、これまで以上にしっかりまとまっていかなきゃならない。どうせ先細りだからとあきらめず、時代に取り残されない方法を模索するには店主がひとりで考えるより、のれん会を有効活用して知恵を持ち寄るほうがいい。丸長グループを応援してくれるファンがいるなら、その人たちにも協力してもらおうじゃないか。そんな暗黙の了解が、風通しのいい「寄り合い」の下地になっているのだと思う。

場の話題は、次回開催をどこにするかに移っている。『伊勢崎丸長』を推す声が多く、応援団たちはバスを仕立てて乗り込みましょうと張り切っていた。いつやるかもその場でほぼ決定。衰退を肌で感じているからこそ、いまが踏ん張りどきだとのれん会が気合を入れるなら、僕も考え方を切り替えなければ。数が減るのは避けられないとしても、残っていく店は必ずある。若い世代から、新しい動きだって出てくるだろう。それを追いかけずしてどうする。

『お茶の水、大勝軒』に行くべきだ

宴が終わってから、興奮覚めやらぬ僕とマグロは喫茶店で延々喋り続けた。意見が一致したのは丸長との縁についてだ。東京だけでも〝ゆるチェーン〟はたくさんあって、いくつかは取材もしているが、何度もお邪魔して話し込んだのは『下北沢丸長』だけである。そうこうしているうち、のれん会の集まりに呼んでもらい、過去ではなく未来に目を向けるきっかけをもらった。今日を境に町中華探検の方向性が変わるほど大きな出来事だ。

「やっぱり深井さんの仕事ぶりを見せてもらったことが大きいよね。スープにしたってあれだけていねいに出汁とってるって知らなかったじゃない。こだわりがあるんだよね。それなのに、こだわってることを隠すみたいにさりげなく出すでしょ」

どうしてかというと、昔からそうしてきたからで、深井さんにとっては当たり前のルーティン。わざわざ誇示することでもない。

「そうそう。キミもボクもそこに感動したよね。化調が流行る前からやってて、それが店の味になっている。だから、わざわざ化調なしをアピールすることもないとかさ。そういう話、深井さんは取材されたくてするんじゃないもんね。常連客がついていて、わざわざ宣伝する必要はないんだから」

でも結果的に何度もお世話になってきたのは、興味シンシンの我々をたまたま深井さんがおもしろく感じたとか、何か縁があったからだろうとマグロは言う。いいねえ、縁がある、縁がある……元気の出る呪文かよ。

「はい。縁を活かすのは大切。善は急げってことで、キミは『お茶の水、大勝軒』へ行くべきだ」

え、大勝軒はつけ麺の店でしょう。

「大勝軒では『特製もりそば』ね。でも、あそこは特別な店なんだよ。（もりそばを生み出した）山岸さんは丸長出身でしょ。だから独立して作った『東池袋大勝軒』も当初は町中華だったわけ。ところが、もりそばが人気になりすぎたために、他のメニューはラーメンくらいしか出さなくなったの」

客と談笑する山岸さん。
旧『東池袋大勝軒』店内にて

『お茶の水、大勝軒』は山岸さんが作っていた幻の町中華メニューを復刻させている店だという。人気店で、昼時はいつも行列ができるため、マグロも最近になってようやく復刻カレーを食べたところらしい。

「つけ麺ではなくて、探検隊ならではの取材ができたらいいと思って、さっき司会してた小汲マネージャーに打診しといたから、今度行ってみようよ」

丸長つながりで大勝軒を取材するのは、縁を活かした動きと言える。その晩のうちに、マグロと僕、小汲さんとで

ＬＩＮＥグループを作った。『お茶の水、大勝軒』が復刻メニューを手がけるまでの経緯を聞き、実食もして、記事を書こうという目論見である。

僕にとって復刻メニューを食べることとは、半世紀前の『東池袋大勝軒』へタイムスリップすることだ。その味の基礎は丸長系の『中野大勝軒』で働いていた頃に作られたものと考えられるから、山岸流丸長メニューでもある。どんな味だったのか、考えただけでワクワクするではないか。復刻されたメニューから在りし日の町中華をイメージしてみたい。

しかし、冗談半分で言っていた丸長との縁は、思った以上に強かったのである。僕はその後、復刻メニューの開発や丸長のれん会の活動に関わることになってしまうのである。

大勝軒の味で育った最後の弟子

町中華探検隊の隊長を名乗りながら、僕はつけ麺に苦手意識が強く、大勝軒で食べたことが一度しかなかった。山岸さんは弟子が独立するとき何も注文をつけない人だったので、店によって味にばらつきがあると知ったのは最近のこと。その店でおいしく感じなかったため、大勝軒とは相性が悪いと決めつけてしまったのだ。つけ麺好きにそのことを話すと「よりによって。あそこは自分もいかない」と言われる店だったのだが、連れていってくれたのは他ならぬマグロなので、半分はヤツのせいである。

LINEを通じて小汲さんと連絡をとり、マグロと一緒に『お茶の水、大勝軒』に行き、店主の田内川《たうちがわ》真介さんに挨拶。小汲さんが一九六五年生まれ、田内川さんが一九七六年生まれ。高齢化した町中華では若手の部類に入るコンビだ。小汲さんはレコード会社に勤務した後に大勝軒の味に惚れ込んでこの世界に入り、調理ではなく店のマネジメント全般を任されている人。田内川さんも大学卒業後いったん就職したが、二七歳で山岸さんの弟子に。二〇〇六年に独立してからも、師匠の味を受け継いでいる人だ。

ちょうど客足の途切れる時間帯だったので、復刻メニューの餃子などを食べながら話を聞くことができた。

「マスター（田内川さんは山岸師匠をこう呼ぶ）とは、僕が子どもの頃からのつきあいなんです」

田内川さんは豊島区南大塚の生まれ育ち。徒歩圏内だった『東池袋大勝軒』へはヨチヨチ歩きの頃から家族で食べにいき、高校生になるとひとりで通うようになった常連客だった。『東池袋大勝軒』は遠方からファンがやってくる大人気店だったが、田内川さんのような「大勝軒の味で育った」客は一握りだったろう。そのせいか、山岸さんにかわいがられ、大学に進学してからは、自然の成り行きでアルバイトを始めた。

「お子さんがいなかったからかもしれませんが、息子のように接してくれました。でも、自分も店をやろうとは考えてなくて、大学卒業後はマリン関係の企業に就職したんです」

そこも居心地のいい会社だった。でも、何年か働いてみて、「オレの人生これでいいのか。これが本当にやりたかったことなのかな」とふと思った。いまなら間に合う。マスターのところで出直してみようか。

生活に不満はなかったが、いま振り返れば、自分の本音と向き合わないまま、なんとなくうまくいってる状態だったという。三つ子の魂百までじゃないけれど、田内川さんは子どもの頃から大好きだった山岸さんのそばで働きたかったのだ。

『東池袋大勝軒』で山岸さんの弟子になった田内川さんは、急ピッチで仕事を覚えていく。「真介」と呼ばれてかわいがられた弟子は短期間でメキメキ腕を上げ、師匠にのれん分けを願い出る。ところが……。

「他の人は自由に独立していたのに、なぜか僕にだけ条件が出されたんです」

その条件というのが、味を変えないことと、昔のメニューを復刻させることだったのだ。

町中華出身らしい現実的な考え方を持っていた山岸さんは、独立していく弟子たちに、出店する地域の人に愛される味を目指すようにアドバイスしていたという。唯一、田内川さんを除いて。

「自分がいなくなった後、一軒くらいはオリジナルの味を守るところが欲しかったんですかねえ。なんでオレなのとは思ったけど、指名されて嬉しい気持ちもありました」

師匠と弟子の旧『東池袋大勝軒』の味復活プロジェクト

復刻メニューについては、山岸さんが密かに温めていた企画だったのだろうと推測する。つけ麺の大当たりによって、大勝軒の売り上げは爆発的に伸び、のれん分け店も増えて、全国にその名を知られることになったわけだが、これまで述べてきたように、『東池袋大勝軒』の原点はカツ丼もあればカレーライスもあるような町中華。つけ麺目当ての客が多くなり、やむなくメニューを減らしていった経緯がある。

「マスターは、『もういっぺん、昔の味を食べてもらいたいんだ。真介、一緒にやろう』って」

師匠と弟子による、旧『東池袋大勝軒』の味復活プロジェクトが始まった。まずは餃子、カレー中華（カレー南蛮にヒントを得たカレーラーメン）、そしてタンメン。これこそが山岸一雄の味だという復刻メニューを開発していく。マンツーマン指導を受けた形だ。

「そのとおりなんですけど、旧『東池袋大勝軒』の味ってマスターの舌と経験で作られていて、レシピが残っていないんです。だから復刻するときは、マスターの記憶をたどるところから始めて、試作ごとにレシピを書き直す感じでやっていきました。マスターは楽しそうでしたね」

『お茶の水、大勝軒』の店内には旧『東池袋大勝軒』の創業当時（一九六一年）のメニューが飾

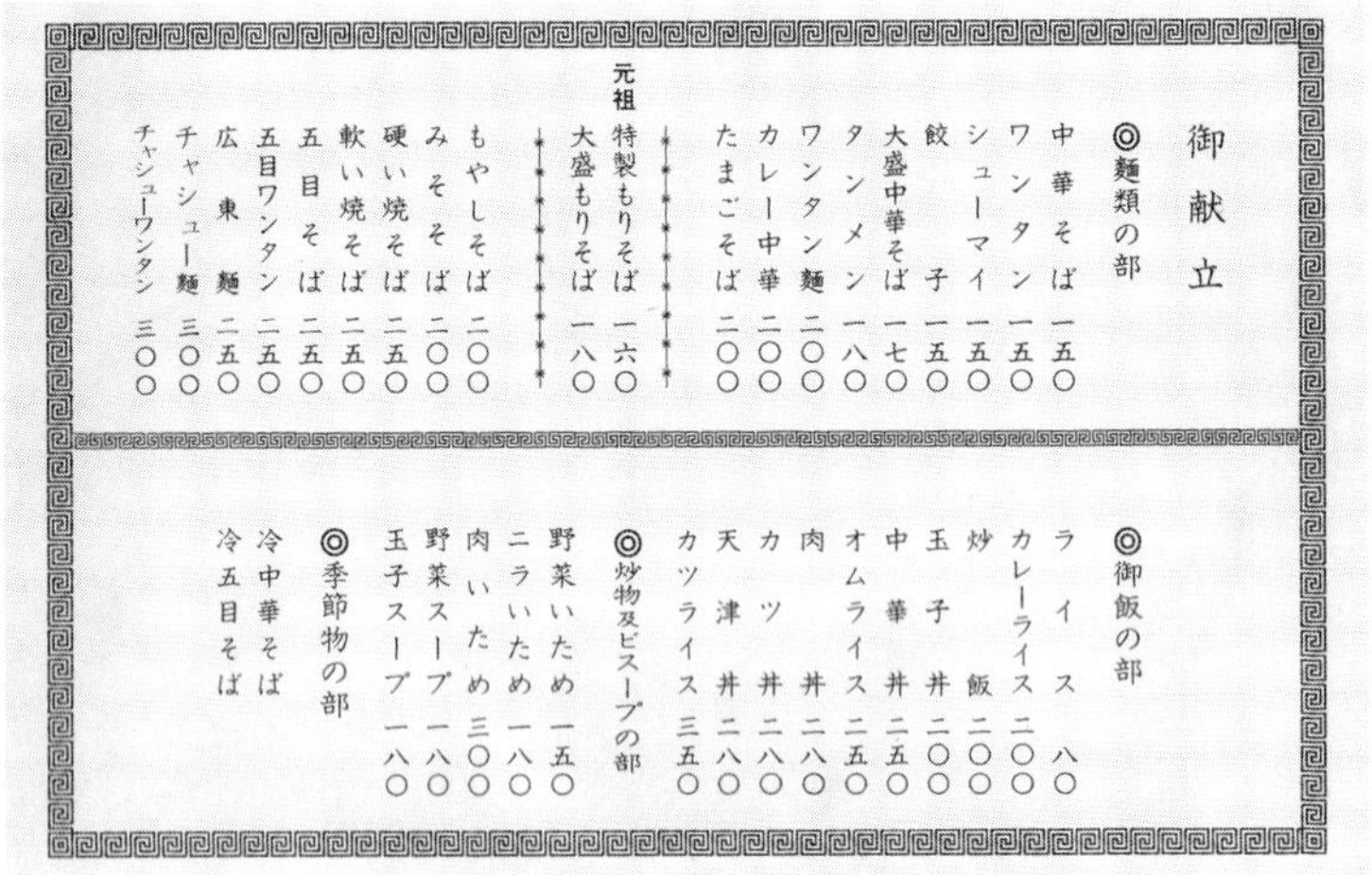
御献立

◎麺類の部
中華そば 一五〇
ワンタン 一五〇
シューマイ 一五〇
餃子 一五〇
大盛中華そば 一七〇
タンメン 一八〇
ワンタン麺 二〇〇
カレー中華 二〇〇
たまごそば 二〇〇
元祖 特製もりそば 一六〇
大盛もりそば 一八〇
もやしそば 二〇〇
みそそば 二〇〇
硬い焼そば 二五〇
軟い焼そば 二五〇
五目そば 二五〇
五目ワンタン 二五〇
広東麺 二五〇
チャシュー麺 三〇〇
チャシューワンタン 三〇〇

◎御飯の部
ライス 八〇
カレーライス 二〇〇
炒飯 二〇〇
玉子丼 二〇〇
中華丼 二五〇
オムライス 二五〇
肉丼 二八〇
カツ丼 二八〇
天津丼 二八〇
カツライス 三五〇

◎炒物及ビスープの部
野菜いため 一五〇
ニラいため 一八〇
肉いため 三〇〇
野菜スープ 一八〇
玉子スープ 一八〇

◎季節物の部
冷中華そば
冷五目そば

いまも『お茶の水、大勝軒』で目にすることができる
旧『東池袋大勝軒』の創業当時の町中華メニュー

られている（写真）。キャッチフレーズは「独特なそばの味　大勝軒」だ。

「麺類の部」は中華そば一五〇円に始まり、ワンタン、シューマイ、餃子、タンメン、カレー中華などが続き、「元祖」と強調された特製もりそば一六〇円と大盛もりそば一八〇円を挟んで、最高額はチャシュー麺とチャシューワンタンの三〇〇円。手のかかるシューマイと餃子を両方やっていたことや、ラーメンではなくそばと書いているあたりに、丸長系らしさがにじむ。

「御飯の部」筆頭はライス八〇円。すでにカレーライスがあり二〇〇円。炒飯は必須として、玉子丼、中華丼、オムライスまである。さらに肉丼、カツ丼、天津丼、最高額のカツライスは三五〇円だ。あとは炒物とスープ類、季節物の冷中華そば。丼もののラインナップが多彩な、ザ・町中華である。

「僕にとっても初めての味でした。創業時の味は濃くて力強いものでしたが、マスターの料理は独特の味付けで、一度食べたくらいでは復元できない。とにかくレシピを作り、忠実にやっていくしかないんだけど、季節によって、気候によって、微妙に変えたりもするみたいで、安定した味にまとめるのが一苦労なんですよね」

レシピが残っていないのを、舌で覚える職人気質の一言で済ませるのは間違いで、レシピ化できなかったのではないかと田内川さんは言う。似たようなことは全国各地の町中華で起きていて、二代目に話を聞くと判で押したように「オヤジの味を見よう見まねで覚えた」と返事が戻ってくることが多い。三年くらいかけてようやく覚え、そこから自分の味を加えていったのだと。急な味の変化はご意見番の常連客が許してくれず、強引に〝改革〟を進めようとすれば二度と来てもらえなくなる。時代に合わせて化調の量や塩分を減らしたりはするものの、基本的な味が長年変わらないのはそのためらしい。町中華を語る際、よく使われる〝昔ながらの味〟は、後継者の自己主張が最小限に抑えられてきた結果、消えずに残されてきた味でもあるのだ。

大ぶりの餃子は味がついていて、
たれなしでもおいしい

復刻版カレー、グランプリ受賞！

さて、復刻版メニューは現代の客に通用したのか。したのである。つけ麺の人気は不動なので、ランチタイムが終わってからの提供としているが、復刻ファンがすぐに現れた。僕とマグロも餃子をひと口食べた途端に「こりゃ旨い」と叫んだもんなあ。皮が分厚く中身もぎゅうぎゅうで、酢を少しつけて食べたら文句なし。ワンタン麺も渋い実力派で、コクのあるスープを吸ってツルンと喉を滑り落ちる。

実績も作った。復刻版カレーが二〇一七年の『神田カレーグランプリ』で見事にグランプリに輝いたのだ。神田は「カレーの街」と称されるほど専門店がひしめき合い、カレー好きが集まる場所。そこで人気投票第一位になったこともすごいが、僕が唸ってしまうのは、復刻版カレーが登場するやいなや熱狂的に迎えられ、グランプリの予想段階から本命視されていたことである。半世紀も前の町中華で出されていたメニューが、現代のカレー好きを魅了するなんて、奇跡みたいな話ではないか。

残念なことに、田内川さんはグランプリ獲得の喜びを師匠と分かち合うことはできなかった。

復刻途中の二〇一五年四月、山岸さんが亡くなったのだ。

復刻版カレーはハチミツやブルーベリージャムを隠し味として使い、甘さと辛さのコントラストが味の決め手。山岸さんの父は海軍に属し、横須賀にいたことがある。幼い頃、海軍カレーを食べていたことから、『中野大勝軒』の店長になったとき、山岸さんはまっ先にカレーをメニューにしたという。スパイスをふんだんに使うことなどないが、ラーメンスープを加えることでどこにもない味になる。

懐かしいけれど、
家庭ではぜったいにつくれない味

「でも、レシピはない。マスターならこうしたかなって想像するしかない」

これでいいですか？　少し違いましたか？　オリジナルの味を食べたことがない田内川さんは、試行錯誤しながら師匠と無言の会話をするしかない。厨房で汗をかきながら、半世紀の時を超えた時間旅行をするのである。するとそのうち突然、「たぶんこうだろう」と思えるときがくるという。

「ずっとそれをやってきたので、僕の店なのに、オリジナルメニューはまだ〝まかない丼〟一種類しかないんです」

＊

　この日を境に、僕はときどき店を訪れ、田内川さんが守り、蘇らせた山岸メニューを食べるようになった。小汲さんも田内川さんも忙しい人なので、ゆっくり話せることはあまりないが、わずかに交わす言葉から、『お茶の水、大勝軒』が担おうとしていることが透けて見えてきた。

　この店の大方針は、山岸さんの味を継承すること。「これぞ大勝軒だ」とつけめん好きを唸らせる。昔はこういうメニューがあったのかと驚かせる。すべてのメニューを復

『お茶の水、大勝軒』の厨房で
復刻メニューに挑む師弟

活させるのが目標だから、何年かかるか見当のつかない大仕事だ。

　しかし、どうやらそれだけでは済まなくなりそうな気配がある。山岸さんの味を復刻することは、その源流にある丸長に接近していくことでもあるからだ。二〇〇六年に独立したとき、田内川さんがそこまで考えていたとはとても思えない。尊敬する師匠しか目に入っていなかったと思うが、どうなんだろう。

「東池袋大勝軒で働いていた末端の修業生が、丸長のれん会とこんなふうに関わることにな

るなんて、まったく考えてなかったです。当時は自分の店を軌道に乗せることで頭がいっぱいでした。復刻についても、マスターがいるうちは、昔のメニューをもう一度お客さんに食べてもらいたいと思っていただけでした」

味のカナメは何だったのだろうか。

「それはもう、ラーメンスープです。スープを入れることによって、カレーでも何でもマスターの味になる。一緒に復刻メニューをやっていたとき、マスターは連日、僕の店へ通ってきてくれたんですよ。営業中の厨房でやっていたので、『なぜ山岸がここにいるんだ？』ってお客さんが驚いていましたね」

マスターが自分に託したかったのは、味だけではなく、丸長のれん会とのつながりを復活させることだったのではないか。田内川さんがそう考えるようになったのは、二〇一五年に山岸さんが亡くなってからだった。

「マスターの味は、マスターが一七歳でラーメン職人になってからの数年間、この道に誘ってくれた坂口正安さんが開業した『中野大勝軒』で試行錯誤しながら作り上げたものです。『中野大勝軒』は丸長のれん会の中心メンバーでもあるわけだから、元をたどれば丸長の味の系譜に連なるものなんですね」

『東池袋大勝軒』を開業してからも丸長のれん会とのつきあいは続いていたが、晩年は距離ができてしまっていたという。メニュー復刻は、山岸さんが田内川さんに、丸長直伝の味を伝えようとしたプロジェクトだったのかもしれない。

そして、それは思わぬ形で実現する。山岸さんが亡くなると、東池袋大勝軒グループは分裂。田内川さんは山岸さんの遺志を継ぐべく、『味と心を守る会』を結成するのだが、そのとき相談に乗ってくれたのが『目白丸長』だったのだ。「マスターが一番大事にしていたのは丸長でした。その丸長のれん会に『味と心を守る会』を、正当な後継者だと認めてもらうことができたんです。あのときは嬉しかったですね」

それを機に、田内川さんは丸長の重鎮たちとつきあいを深めることになっていく。現在、約三〇店の大勝軒が加盟する『味と心を守る会』は丸長のれん会と連立する形でグループの一員になっている。その間、わずか四年だが、のれん会の集まりで司会役をしていた小汲さんは、ずっと前からのメンバーみたいに見えた。

溶け込んでいるどころか頼りにもされている。丸長グループも例に漏れず、後継者不足が深刻。自分限りで幕を閉じると決めている店主が何人もいるが、客もついているのだし、店だけでも存続できないかと相談されるようになってきたのだ。すでに『大塚大勝軒』の経営は田内川さんが引き継ぐなど、独立時には考えもしなかったことがつぎつぎに起きている。天国の山岸さん、してやったりの顔をしているんじゃないかなあ。とにかく『お茶の水、大勝軒』、探検隊にとって目が離せない店であることは確かだ。

味噌ラーメンとのれん会への旅

二〇一八年の秋、『お茶の水、大勝軒』にひとりでふらっと食べにいき、会計のためレジに向かうと田内川さんが厨房から出てきて、味噌ラーメンの復刻に取り組んでいるところだと言う。ほう、それは楽しみだ。

「味噌は長野（赤味噌）と北海道（白味噌）のを合わせます。で、長野へ行って食べ歩いてみたんですが、ピンとくる味噌ラーメンがなくて。北尾さん、松本在住ですよね。おいしい店を知りませんか」

知ってますと即答した。僕は冬になると鳥撃ちをするのだが、狩猟の師匠が長野市で『八《はっ》珍《ちん》』というラーメン店をやっているのだ。味噌ラーメンが三種類あるので参考になるかもしれない。

「それは食べてみたいです。もう一度長野に行こうと思っているんですよ。長野駅から近いですか」

それが遠くて、車がないと行きにくい。そうだ、僕が案内すればいいのか。

「いいんですか。では、お願いします」

僕のほうこそ、復刻の一端に関われるなら光栄である。ものの一分で話が決まり、一二月某日に日程も決まった。メールのやり取りで、山岸さんが指定した味噌屋にも行くことになったので、運転手の務めがいがあると喜んでいたら、数日前になって人数がひとり増えたと連絡が。のれん会の集まりで話をした坂口会長が同行し、長野市周辺に三軒ある『丸長』を回りたいという。

スケジュールも過密になり、七味唐辛子メーカーの『八幡屋礒五郎《やわたやいそごろう》』で商談もするらしい。味噌ラーメンだからだろうか。なんだかよくわからないが、ますますおもしろくなってきた。

ふたりは早朝の新幹線で長野市に来て、午前九時から『八幡屋礒五郎』にいるので、一〇時に迎えにいった。すでに商談は終盤なのか、喫茶室でなごやかに歓談中で、坂口さんも輪の中に入っている。味噌ラーメン復刻用に有名な唐辛子を使うのかと思っていたが、そうではないらしい。

「じつは来年（二〇一九年）の三月で、『丸長のれん会』が六〇周年を迎えるんです。私どもは、中華では日本最古ののれん会だと思っていますが、せっかくの機会なので、会員に声をかけて祝いの会をやりたいと。『八幡屋礒五郎』さんに伺ったのは、そのときに丸長オリジナルの唐辛子を配りたいと思っているからなんです」

『八珍』へ移動する車内で、坂口さんが説明してくれた。長野の『丸長』に行くのも、六〇周年にあたって再度結束を固めるべく、挨拶をしておきたいとのことだった。できれば祝いの会にも来てほしいというが、会場は東京の中野サンプラザ。店を休み、一泊二日で上京するのは現実的でないと断られるのは承知の上だ。それでも会長自ら出向くところに、きちんと筋を通して会を運営していく強い意志を感じてしまう。

しかし会長、そうなると我々は『八珍』で食べたあと、三軒の『丸長』に行くことになりますよ。行ったら食べるでしょう。腹がパンパンになります。

「あいにく長野市の『丸長』が定休日で会えないんですよ。ですから計三軒。私も食べたいので、みんなでがんばりましょう」

坂口さんの口調に気合が感じられる。訪問予定の二軒は、中野市と須坂市にあり、ふたりとも訪れるのは初めて。丸長のルーツである長野県の店でもあるから、このチャンスは逃したくないのだ。

東京の荻窪に最初の店を構えた『丸長』では、のれん分けした店はなるべく東京近郊で開業するというルールがあった。そのため、大半の店は東京にあるのだが、諸般の事情で郷里に引き揚げる店も出てきて、一部は地方で商売をするようになった。するとどうなるか。地方組はのれん会の集まりに参加しにくくなり、東京組との交流が希薄になってくる。のれん分け当時の店主が元気な間は元いた店の仲間との絆が保たれるが、代が替わればそれさえなくなってしまう。それはなるべく避けたいし、六〇周年を迎えるにあたり、のれん会会員の様子を把握しておきたいのだと坂口さんは言う。それで、会長自ら長野までやってきたのだ。

長野市の中心部を離れ、国道一九号線沿いにある『八珍』に到着。ややしょっぱい信州味噌に、甘みのある北海道味噌を加えることで、どんな変化が生じるのかを確かめてもらうため、信州味噌ラーメンとオリジナルの八珍味噌ラーメン（信州味噌＋北海道味噌）を味わってもらう。フムフムといった感じで、何かを確かめるように箸を動かすふたり。

『八珍』の味噌ラーメンを味わう
坂口会長（右）と田内川さん

「おいしいですね」

田内川さんのコメントに力が入っていないのは、味噌そのものと配合に神経を集中させているからだ。いかにも怪しい客だが、訪問の目的を知っている僕の師匠は「うちは特別なことしてないよ」と謙遜しきり。律儀な坂口さんに手土産を渡され、困った表情さえ浮かべている。

「そうだ。これ持ってってって」

店の外にある倉庫からでっかい白菜が運ばれてきた。身がしまってツヤツヤ。絶対おいしいやつだ。だけど師匠、僕は車だから喜んでいただくけど、ふたりは東京に帰るんですよ。

「こりゃすごい。ありがとうございます！」

あらら、ふたりとも受け取ってしまったよ。そういう人たちだ。

「丸長のれん会」で町おこし!?

律儀さは二軒の『丸長』でも発揮された。一般客として入店し、つけ麺を頼むのだ。でも、それは正しい。ただ食べるだけの僕とは違い、ふたりは麺から、スープから、膨大な情報を引き出すことができる。いずれの店も東京を離れて数十年経っている。その間に失われたもの、失われなかったものは何なのか。

もちろん具体的には教えてもらえない。僕にわかるのは、甘酸っぱいスープが共通すること と、濃厚さを抑えた味付けになっていることくらいだ。

代替わりした須坂店では挨拶してすぐに辞したが、中野店の女性店主は坂口さんと以前からの知り合いだったので話に花が咲いた。古い写真を解説付きで見せてくれたり、坂口さんがあまり知らない会員の情報を教えてくれる。もともとは池袋に店があったとかで、店主の父が阿佐ヶ谷の『栄楽』で山岸さんの元同僚だったことも判明するなど、僕から見ても収穫の多い訪問になっていた。直接会うことのメリットだ。電話やメールじゃこうはならない。だって、こんなエピソードが飛び出したのだ。

「お父さん、山岸さんと仲が良くてね。独立して、同じ池袋に店を出したから、昼の休憩時間によく会ってたんだって。どこでだと思う。ジャズ喫茶なの。山岸さんはジャズが好きだったのよ」

食事三連チャンで膨らんだ腹をさすりつつ車のエンジンをかけた。次の行き先は山ノ内町役場だという。山ノ内町は山岸さんの出身地で、その中心である湯田中温泉には、坂口さんの母の生家があるそうだが、役場で何をするのだろう。

「丸長とは縁の深い場所というのもあって、のれん会との関わりもあります。せっかく来たので、顔を出しておきたいんですよ。堅苦しい話はしないから北尾さんも同席してください」

ここでの話も意外だった。山ノ内町はスキーで名高い志賀高原エリアを有する観光地だが、悩みがないわけではない。外食できる場所が少なく、バラエティにも乏しいのだ。外国人観光客や若い世代は、一泊二食付きのオーソドックスな宿泊プランより、食事は外で好きなものを食べたがる傾向がある。そこに対応していくため、人気の高いラーメンなどを提供する店を増やしたいと考えてきた。

できれば他所の観光地との差別化を図りたいのだが、なかなかうまくいかない。そこで考えた。山ノ内町にしかできない食のセールスポイントは何か。丸長創業者との縁であり、山岸さんの出身地であることではないか。通年営業となるとハードルが高くなるので、たとえば食のイベントなどに協力してもらうことはできないだろうか。ざっくりまとめると、こういう話だったのである。

復刻どころか、町おこしの話まで出てきてしまった。すべて、町中華の未来へ向かう話ではないか。が、さすがにイベント出店はどうなんだろう。東京からでは距離がありすぎて不便なことも多いのでは。

「のれん会が勢揃いしてイベントをするのは、現実的に無理があると思います。イベントやるから店を休んでこっちに来てくれとは言いにくい」

坂口さんが腕を組む。会長が安請け合いしてはならないのだ。

「うん。会長が言うように、『丸長のれん会』まつりみたいにはできないでしょうね。でも、これ、やる意味あるな」

田内川さんが身を乗り出す。

「大変かもしれないけど、やったほうがいいかもしれない。いま初めて聞いたことだし、約束なんてできないけど」

これには役場の人も驚いたようだった。後で聞いたら、田内川さんも具体的なプランや、赤字にならない確証はないという。でも、気持ちは前向きだ。それはやっぱり、この町に対する思い入れの強さの表れなのだと思う。

旅の終わりに露天風呂

休む間もなく味噌屋に行った。前回の訪問時に商談は済ませているらしく、急ぎの用はない。でも顔を出す。坂口さんもニコニコつきあう。話すうちに共通の知人が見つかり、味噌屋のご主人のボルテージは上がる一方だ。戦時中の話が出る。いい味噌造りの鉄則を教えてくれる。それだけでは気が済まないのか、店を出た我々はずっしり重たい味噌の袋をいくつも持たされてしまった。

「充実した一日になりましたね。さて、ひと風呂浴びていこうよ」

老舗旅館の日帰り湯には、我々しか入浴客がおらず、貸切状態だ。三人で露天風呂に飛び込むと、自然に「ああ〜」と声が出る。母の生家が近いといっても、東京で生まれ育った坂口さんが山ノ内町を訪れるのは久しぶりだそうだ。

「役場での話じゃないけど、丸長とのつながりを、ここの人たちが大事にしてくれるなら幸せなことだよね。で、田内川くん、本当にイベントできそうなの?」

「う〜ん、やれるものならやったほうがいいと思うんですよね」

「そうだよね。そういう考え方でいいと思うよ」

冗談を言っているわけでもないのに、やり取りを聞いているだけで頬が緩んでくる。
のぼせる寸前で露天から出た。外はもう暗くなり始めている。長野駅につくのは午後六時を過ぎてしまいそうだが、時間を気にする様子はまったくない。体力あるなとうらやましくなった。

送っていく車中、坂口さんから頼みごとをされた。六〇周年パーティ用に祝いのメッセージを寄せてくれという。会員のほとんどは僕のことなど知らないし、「町中華探検隊？　何だそれ」と思うだろう。昨日までなら断った。でも、僕たちは裸のつきあいをした仲だ。立場としては、町中華をやっている人と、町中華を追いかける人なんだけど、気分はもう友だちだ。友だちの祝いごとに協力しないわけにはいかないと思った。

車を降りたふたりが、長野駅の構内に吸い込まれていく。両手が荷物でふさがっていて、ビニール袋から白菜がはみ出している。僕が引き取りましょうかと訊いたら、どちらも首を横に振って「東京まで持ち帰ります」と言ったのだ。

ていねいに醸造された
「志賀高原みそ」

復刻味噌ラーメン試食！

年が明けてしばらくした頃、田内川さんから味噌ラーメンを試食に来てくれと連絡があった。あれから味噌のブレンドと隠し味の工夫を繰り返し、やっと味が安定してきたところらしい。

第一印象は濃厚の一言。ガツンとくるスープを味噌でパワーアップさせていて、太い麺がそこに絡む。好きな人にはたまらないだろう。山岸さんテイストもしっかりとある。還暦超えの僕は後半がきつかったけれど、『大勝軒』は男飯。まして復刻メニューとなれば、中途半端な味ではファンががっかりしてしまう。

試食した『お茶の水、大勝軒』の
復刻味噌ラーメン

「もう少し研究して、納得できたらメニューに加えます。遠慮はいらないので、どうぞダメ出ししてください」

わかった。ひとつだけ気になる点があるのだ。トッピングにコーンがあるけど、山岸さんが作っていた頃、乗せていたとは思えないのだ。

「そこ、悩むんですよね。彩りが良くなるので使ってみたんですけど、う〜ん、どうしようかな」

こんな調子で、ひとつ、またひとつとメニューが復刻されていくのだろう。田内川さんにとってもっとものハードルが高いのはどれだろう。オムライスあたりだろうか。

「カツ丼ですね。タレが……。でも、いつかきっと」

やるだろうと思う。そのときは、いの一番に駆けつけたい。

人生の終盤、断ちがたい町中華への思いを弟子に託した山岸さんと、託された田内川さんの真剣勝負は、どんなドラマより僕の胸を熱くさせるはずだから。

コラム 2

残っている町中華はなぜつぶれないのか

町中華が衰退していく主な理由は、多彩なメニューに対応するため材料のロスが出やすいことや、チェーン店に押されていることなどいくつもあるが、煎じ詰めると店主の高齢化と後継者不足に尽きる。やめてしまう店は経営に行き詰まるというより、店主が体調を崩したり、体力の限界を感じてその歴史を閉じるパターンがほとんどだ。逆に言えば、メニュー数が多くても、駅前の好立地をチェーン店に奪われても、ちょっとやそっとじゃつぶれないのが町中華なのである。

だから、ゆるやかに数を減らすことはあっても一気になくなりはしない。その理由を考えていくと、個人店ならではの強みを生かす町中華のサバイバル法が見えてくる。

いまある店はすべて勝ち組

町中華というと、古くて冴えない昔風の外観を思い浮かべる人が多いだろう。しかし、現在残っている昭和の時代に創業された店は、競争に勝ち抜いた店ばかりなのである。まず、ここをキッチリ認識してほしい。客にとって町中華は日常食で、評価の基準は味だけとは限らない。立地が良い、早くて安い、量が多い、メニューが豊富、居心地が良い、マンガが揃う、店主の人柄が良い……。

これらのいくつかを満たすことで、地元住民やその近隣で働く人に繰り返し利用されてきている。常連客中心で、通りすがりの客など当てにしなくてもやっていけるのだ。

旨すぎない味である

飲食店でもっとも大事なのは味という常識も町中華には通用しない。もちろん味は大事だが、旨すぎてはだめなのだ。上品な薄味で、栄養バランスも良くヘルシーな町中華なんて全然魅力がない。ニーズ、捉えきれていない。カンジンなのは癖になる味付け。そこそこ満足できて、なぜだかしらないが週に一度は食べたくなるような店こそ最強なのである。あなたが愛用する店もそうではないだろうか？

常連客は裏切らない

町中華の客は、マンネリを愛する客だ。引っ越しや転勤がない限り、何十年と気に入った店に通う。昼は定食やセットメニューを注文し、夜は〝飲み中華〟として愛用する人も多い。寡黙に見える店主だが、話し好きで気さくな人も多く、小さな町では週末の午後など、店は小さなサロンと化す。彼らは律儀だから、それなりの注文もしてくれるし、知り合いも連れてくるので経営が安定するのだ。ここで忘れてはならないのが、女性客、夫婦客、ファミリー層を一手に引き受ける女将さんの役割。町中華の店頭には鉢植えの植物が欠かせないが、その一部はなじみ客が引っ越しするとき、女将さんなら世話してくれるだろうと持ち込んできたものである。

家賃や人件費がかからない

全盛期の町中華は「出前だけで食っていける」と言われるほど外からの注文が多かった。流行っている店では多くの従業員を雇い、出前専門のスタッフもいた。現在、出前の需要は激減したが、生き残り店はそうした変化に対応し、家族経営に切り替えることでコストを節減してきた。いまではローンに追われることもなく、持ち物件で商売する店も多い。年金だってもらえる年齢だ。それでも鍋を振り続けるのは、店が生きがいになっているから。店の厨房が起きている時間の大半を過ごす〝自分の居場所〟だからだ。

行列はいらない

地域密着型ですでに客のついている町中華は、有名になりたい願望がない。だから宣伝費など一切かけないし、地元の人に支えてもらえたらそれでいいと思っている。いま流行っている店の多くと考え方が逆で、ときどき取材を受けるようなことはあっても、淡々とした日常にすぐ戻るのを良しとするのは、有名になれば他所からわざわざやってくる客が増え、店にとって大切な常連客が入りにくくなってしまうからだ。町中華がもっとも恐れるのは常連が離れてしまうこと。行列なんてジャマなだけなのだ。まさに名より実をとる精神。徹底してこれを実践した店が、その地域で生き残っているのだ。

エピローグ

二〇一九年三月二〇日の夜、「丸長のれん会」の六〇周年を記念する会が中野サンプラザでにぎやかに開催された。会場には店主たちとその家族、取引先業者、「丸長のれん会」「友の会」の面々など一二〇名以上。僕と下関マグロも〝ファン代表枠〟で呼んでいただいた。

戦後間もない一九四七年（昭和二二年）、東京の荻窪で五名の共同経営による『中華丸長』が開業され、やがてそれぞれが『丸信』『栄楽』『大勝軒』『栄龍軒』として独立。各店舗が支店を出したり、のれん分けで店舗を増やしていくなか、グループ全体がまとまって丸長本来の味を維持していくため一九五九年に設立されたのが「丸長のれん会」の始まりだ。

一九五九年といえば、僕が福岡県で生まれた翌年。よちよち歩きができるようになったとき

には発足していたわけだ。長い。一二歳で九州を離れて兵庫県で三年過ごし、高校の途中から東京へ。大学を出てフリーターとなり、ひょんなきっかけでライターになったものの、何をどうすればいい記事が書けるのかもわからずオロオロする日々を過ごした。三〇代になる頃からなんとか食べていけるようになり、雑誌に連載持ったり本を書くことが仕事の中心に。三五歳で結婚し、四六歳で父親になり、いまは東京を離れて信州・松本に生活の場所を移している。

そのすべての期間、丸長のれん会は存続し続けたのだ。初期には慰安旅行や野球大会なども実施。枝分かれが多くなり、地方への分散もあってかつての結束力が薄れてきても、年

最後に記念撮影。スーツ姿が多いのは、「のれん会メンバーは紳士的であるべし」という伝統があるためだ

に一度は総会を開いて、会の維持に努めてきている（この日もパーティの前に総会を行った）。落ち着きのない我が人生と比べてもしょうがないが、なかなかできることではないと思う。

会場の入口前で来場者に声をかけていた坂口光男会長が僕たちに気づき、握手を求められた。力が強くて痛い。ずっと中華鍋を振ってきた人の、現場で鍛えられた握力だ。

会場の奥へ進んでいくと『下北沢丸長』の深井正昭さんがスーツ姿で座っていた。

「普段はスーツなんかまず着ないんだけど、お祝いの席だからね」

見渡せば、ほとんどの人がダークスーツで、ラフな格好をしている人は数えるほどである。スーツ姿が板についている取引先業者の方とは違ってぎこちない着こなしだけど、そこがまたいい。

＊

本日集まったのはおよそ三〇店。屋号では丸長と大勝軒が多いが、丸信、栄龍軒もいるし、名古屋からは五店舗を運営する丸和が駆けつけていた。大ベテランの深井さんでさえ知らない人がたくさんいるところに、のれん会の広がりを感じることができるとともに、六〇周年を契機に、のれん会の結びつきをいま一度強くしたいという坂口会長の思いも伝わってくる。

立食形式ということもあって場内では人の動きが激しいが、パーティによくいる、名刺交換に励む人、ひたすら挨拶回りしている人はいない。代わりに目立つのは、久しぶりの再会を喜び合う店主や、同伴した妻子を〝仲間〟に紹介する姿だ。
「丸長のれん会」は『荻窪丸長』本店を頂点とする組織だが、グループ企業ではなく、のれん分けという独自のルールと人間的なつながりで結成されている。そのため、時代は変わっても、のれん会が持つ家族的な雰囲気には揺るぎがないのだろう。

設立の目的には、会員の親睦および経済的地位の向上を図ることの他に、協同事業を行うことも入っているが、この日はその点でも画期的なプランが発表された。六〇周年記念事業として、ガイドブック制作やウェブサイトの開設、長野・善光寺の七味店『八幡屋礒五郎』と共同開発したつけ麺専用七味の商品化、オリジナルのメンマや野沢菜の開発を進めていくという。

田内川さんがブレンドした七味。
つけ麺専用で、胡椒なども入っている

二〇一八年の暮れ、田内川さんと一緒に坂口会長が長野市にやってきた目的のひとつはこれだったのか。しかも、メンマや野沢菜も、のれん会の事業として具体的にやろうとしている。これはもう「結束を固めよう、エイエイオー！」の話ではない。「オリジナル七味をのれん会の加盟店で売ります」の狭い範囲に留まらない、のれん会の未来に向けての新しい挑戦

記念に配られた小鉢。
お宝すぎて使う気になれない

だと言える。

　もうひとつ気がつくのは、七味も野沢菜も信州の味で、自分たちのルーツを見つめ直し、その味をお客さんに問う動きになっていることだ。ここへきてのれん会が、自らのルーツと向き合う動きを加速させているのは、それこそが自分たちの最大の武器だと本気で考えるようになったからだと思う。

　親睦と交流を主体とする活動から、のれん会そのものにブランド力を持たせる活動へ。これは注目に値する。ますますのれん会の動きから目を離すわけにいかなくなってきたと興奮しながら、壇上でスピーチする老舗店主たちを見つめていると、『目白丸長』さんがのれん会をやっていくことの意味をズバリと言い表してくれた。

「個人店のラーメンもおいしいですが、みんなで作るラーメンはもっとおいしいのです」

　町中華では、のれん会の各店はメニューはもちろん値段も味も違う。同じ屋号で商売していても、すべての裁量は店主に任されている。それでも、麺やスープ、調理の仕方など、どこかしらに共通点はあり、それが〝らしさ〟として客に伝わっていく。丸長のれん会でいえば、日本そばの技法を中華に持ち込んで開発した「動物系」と「魚介系」でラーメンスープの出汁をとる技法。このオリジナルスープを受け継ぎつつ、素材を厳選し、客の好みの変化を読み取りながら改良してきたからこそ、丸長グループは客に支持されてきた。それができたのはのれん会のつながりがあったからだ。『目白丸長』さんはそう言っているのだと思う。

＊

パーティが終わる頃、会場をウロウロしていると見覚えのある顔に出くわした。山ノ内町役場を訪問したときの担当者だ。山ノ内町は丸長と縁が深いし、雑談レベルではあったが「これを機に何かしましょう」と話し合っていたから、ここにいるのは不思議でもなんでもないが、隣に田内川真介さんもいて、ふたりでニコニコしているのだ。もしや……。

「ぜひイベントをやりたいと、そういう話になりまして」

そうなのか。あのとき、田内川さんが「やるべきなのではないか」と言っていたことは覚えているが、千葉県の勝浦にも新店舗を出すと聞いていたから、すぐに話が進むとは思っていなかったのだ。

「四月に現地視察に行き、具体的な案を練っていくことになったんですよ。今度は家族サービスも兼ねてスキー場のホテルに宿泊もしようと思ってます。家族はスキー、ボクは仕事になっちゃいますけど。で、トロさんはその頃……」

ずっしり重い、のれん会旗。
会場には野球大会で使われた旗も持ち込まれ、
お祝いムードを高めていた

最後まで聞かず、「行きますよ」と答えた。行ってどうなるかなんて考えもせずに。だって、山ノ内町がどんなイベントを考えているのか、のれん会としての参加か田内川さんが個人的に関わるのか、何もわからないのだから考えても無駄だ。

でも、ひとつはっきりしていることがある。丸長のれん会六〇周年の節目でなかったら、こういう話は出てこなかっただろうし、田内川さんが実現に向けて動く気にもならなかっただろう。僕はたまたまイベント開催に向けての話し合いの発端となった役場の会議室に、部外者でありながら居合わせることができた。いわば町中華がつくり出してくれた縁である。ならば、素直にこの波に乗っていきたい。

僕の町中華探検は、学生時代から通った高円寺の『中華料理 大陸』がひっそり閉店していたことにショックを受けて始まった。たくさんの店で食べ、話を聞いて回った。自分なりに歴史も調べてみた。

そしてとうとう、地域おこしをテーマとするイベントに、地元をルーツとする町中華を結びつけて考えようとする自治体（山ノ内町）にたどり着いた。どんなコラボレーションが実現するのだろう。集客力は、地元や観光客の反応は、いったいどんなものだろう。

そこに〝新大陸〟の影は発見できるだろうか。

おわりに

町中華は、身近にあるのによくわからない場所なのではないだろうか。

そこでよく食べる人にとっては若い頃から世話になってきた愛着のある場所だが、多くの人は地元や会社の近所で贔屓にしている店にしか行かないので、知っているようで全体像をよく知らない。他方、低料金で均一的なサービスが受けられるチェーン店に慣れた人にとっては、なんとなく敷居が高く感じられ、入りにくい店だったりもするだろう。

町中華がテレビを始めとするメディアに好んで取り上げられる理由には、昭和の時代からやっている個人商店の魅力に加え、〝近くにある秘境〟を訪ねるワクワク感もあると思う。

ラーメンマニアはたくさんいても町中華メインで食べ歩いている人は少ないからか、探検隊が協力を求められることも少なくない。二〇一八年にはCSテレ朝チャンネルで、僕と下関マグロ、フリーアナウンサーの鈴木貴子さんの三人で全国の店を巡り歩く『ぶらぶら町中華』という番組も始まった。長年の友人である下関マグロと遊び半分で始めたことが、こんなふうに広がっていったことに驚くとともに、戦後に生まれた食文化に光が当たることを、紹介者のひとりとして嬉しく思う。

その半面、おもしろおかしく取り上げられ、一時のブームのように消費されるのではないかと、ざわついた気持ちにもなる。いまここにある町中華がどのようにして現在の形に仕上がっていったのか、それを書き残すことはできないだろうか……。そんな思いから本書は作られることになった。

*

戦後の混乱期に生まれた日本独自の大衆中華店だけに、まとまった文献もなければ、正確なデータやメニューのレシピもわからず、心細くなりかけていた僕の背中を押してくれたのは「話を聞かせてください」と訪ねていった店主の方々の惜しみない協力である。忙しいなか、昼の休憩時間を削って貴重なエピソードを聞かせてもらったり、昔の写真を見せていただいたことが、取材を前に進める大きな力となった。心から感謝します。

*

すべての原稿を書き上げた二〇一九年四月某日、第一章で書いた『珈琲　大勝軒』の渡辺千恵子さんから電話がかかってきた。なんと、丸長のれん会の坂口光男会長がそばにいるという。六〇周年パーティで会ったとき、「ぜひ一度、渡辺さんを紹介してほしい」と頼まれていたのだが、ぐずぐずしている僕にシビレを切らし、ひとりで訪ねて行ったらしい。

渡辺さんが切り盛りされていた『大勝軒本店』と丸長グループの『大勝軒』は屋号こそ同じだが、まったく別の店。それがこうして結びつくなんて素晴らしいことだ。僕にとっては、本書のスタート地点となった店と、最後に関わった店がつながったことにもなる。びっくりしたなぁ。これだから町中華探検はやめられないのだ。

＊

町中華探検隊の仲間には、知恵と情報のみならず、日頃から強靭な胃袋でも協力してもらっている。学生時代からのファンである椎名誠さんに帯文を書いていただくことができたのも光栄なことだ。編集を担当したのは集英社インターナショナルの河井好見さん。すぐにでもできそうなことを言っておきながら、結局三年がかり……、根気よくつきあっていただいた。また、装幀をデザイナーの寄藤文平さんと鈴木千佳子さんにお願いすることができたのも嬉しかった。僕には書くことしかできないわけで、愛着の湧く一冊の本を読者に届けることができるのは、関わってくれた人たちの助けがあってのことです。ありがとうございました。

二〇一九年五月　松本にて

北尾トロ

主な参考文献

『にっぽんラーメン物語』小菅桂子（講談社＋α文庫　一九九八）
『ラーメンの語られざる歴史』ジョージ・ソルト著、野下祥子訳（国書刊行会　二〇一五）
『ラーメンと愛国』速水健朗（講談社現代新書　二〇一一）
『「アメリカ小麦戦略」と日本人の食生活』鈴木猛夫（藤原書店　二〇〇三）
『引揚者の戦後（叢書　戦争が生み出す社会Ⅱ）』島村恭則／編（新曜社 二〇一三）
『哈爾浜（はるぴん）の都市計画』越澤明（ちくま学芸文庫　二〇〇四）
『AJINOMOTO グローバル競争戦略』林廣茂（同文舘出版　二〇一二）
『味の素はもういらない』船瀬俊介（三一新書　一九八七）
『中華料理進化論』徐航明（イースト新書Q　二〇一八）
『東池袋大勝軒　心の味』山岸一雄（あさ出版　二〇一二）
『男おいどん1〜6』松本零士（講談社漫画文庫　一九九六）
『町中華とはなんだ　昭和の味を食べに行こう』北尾トロ・下関マグロ・竜超（立東舎　二〇一六／角川文庫　二〇一八）
『町中華探検隊がゆく！』町中華探検隊（交通新聞社　二〇一九）

掲載店情報

※このページの情報は
すべて2019年4月現在
のものです

珈琲 大勝軒

東京都中央区日本橋人形町2－22－4　☎03－3668－8600
営業時間／11：00〜15：00　定休日／土日祝

丸長中華ソバ店

東京都世田谷区代沢5－6－1　☎03－3421－3100
営業時間／11：00〜15：00　17：00〜20：00　定休日／水曜

中華料理スンガリー飯店

東京都府中市若松町1-1-1　☎042-361-2578
営業時間／11：30〜14：30　17：30〜21：00（府中の森イベント開催日は21：30まで）　定休日／水曜

丸幸

東京都杉並区西荻北3-4-1　日向マンション1階　☎03-3396-5310
営業時間／11：00〜14：00　17：00〜22：00　定休日／金曜

お茶の水、大勝軒

東京都千代田区神田小川町3-1-5　須田ビル2階　☎03-3233-9911
営業時間／11：00〜22：00　定休日／月曜（月曜が祝日の場合は火曜）

本書は、
集英社インターナショナル
ホームページにおける連載に、
大幅に加筆したものです。

写真提供
渡辺千恵子（P.17、P.21、P.22、P.27）
深井正昭（P.42、P.47、P.49）
中野良子（P.55）
田内川真介（P.205、P.213、P.218、P.222）

上記以外は北尾トロ、編集部が撮影

装幀
寄藤文平＋鈴木千佳子

北尾トロ　きたお　とろ

ノンフィクション作家。1958年、福岡県生まれ。2010年にノンフィクション専門誌『季刊レポ』を創刊、15年まで編集長を務める。2014年より町中華探検隊を結成。また移住した長野県松本市で狩猟免許を取得。猟師としても活動中。著書に『裁判長！ここは懲役4年でどうすか』（文春文庫）、『山の近くで愉快にくらす』（信濃毎日新聞社）、『欠歯生活』（文藝春秋）など多数。共著に『町中華とはなんだ』（角川文庫）、『町中華探検隊がゆく！』（交通新聞社）などがある。

夕陽《ゆうひ》に赤《あか》い町中華《まちちゅうか》

2019年6月10日　第1刷発行

著　者　北尾《きたお》トロ

発行者　椛島良介

発行所　株式会社 集英社インターナショナル

〒101-0064　東京都千代田区神田猿楽町1-5-18

電話：03-5211-2630

発売所　株式会社 集英社

〒101-8050　東京都千代田区一ツ橋2-5-10

電話：03-3230-6080（読者係）

03-3230-6393（販売部）書店専用

印刷所　三晃印刷株式会社

製本所　株式会社ブックアート

 Printed in Japan　ISBN978-4-7976-7374-6　C0095